AF467704

A SA MAJESTE

GEORGES IER

ROI DES HELLÈNES

HOMMAGE RESPECTUEUX DE L'AUTEUR.

« Tape du pied, tu es un roi. »
(COLOCOTRONIS.)

SIRE,

J'ai eu l'honneur d'être reçu en audience privée par Votre Majesté et de Vous soumettre dans un mémoire les conclusions de ce travail sur la crise financière actuelle.

Je Vous dédie aujourd'hui cette étude, parce que, en présence du danger d'un dénouement fatal trop imminent, il faut que quelqu'un se dévoue et fasse connaître à Votre Majesté la vérité entière, sans réticence aucune, sur l'état de la crise, crise malheureusement plus grave qu'un simple embarras financier et monétaire momentané...

On Vous trompe, Sire, et personne n'ose attrister Votre Majesté en Lui dévoilant cette plaie envahissante qui ronge l'État bien plus profondément qu'on ne Vous le laisse croire.

Mais il faut enfin Vous dévoiler la vérité, si brutale qu'elle soit, car d'aucuns vont jusqu'à traiter de faiblesse cette abstention dans laquelle Vous avez cru devoir Vous retrancher.

Vos ennemis s'efforcent d'accréditer dans l'opinion publique cette idée que Vous êtes un roi thésauriseur; ils disent que Vous êtes une « simple griffe à signatures » et que Votre attachement trop rigoureux à la lettre du régime constitutionnel a poussé Vos Ministres à s'attribuer la toute-puissance, à transformer la représentation nationale en un théâtre de marionnettes et à considérer la constitution comme un instrument exclusivement propre à servir les intérêts étroits du parti au Pouvoir.

« Τὸ ψάρι βρωμᾷ ἀπὸ τὸ κεφάλι », voilà ce qui se dit, ce qu'on entend en Grèce du haut au bas de l'échelle sociale. Ces racontars prennent facilement racine dans les milieux populaires. Le peuple hellène est étonné d'apprendre que son Souverain est devenu une simple « griffe à signatures ». Il voudrait avoir un Roi.

Personne ne met en doute le patriotisme et l'honnêteté de Vos anciens premiers ministres Tricoupis et Delyannis, de ces « faiseurs de majorités déclarées » dont la politique néfaste est, dans cette étude, l'objet de la critique la plus serrée. Tous deux sont aussi patriotes et aussi honnêtes qu'on peut le désirer. Mais Votre Majesté leur a trop laissé la bride sur le cou, ils ont fait de la Grèce ce qu'elle est aujourd'hui, et épuisé le Trésor public au profit exclusif de leur entourage et de leurs clients.

Voilà, Sire, ce que même Vos plus fidèles serviteurs craignent de Vous dire, de peur de Vous déplaire. Il me semble pourtant que c'est rendre service à Votre Majesté, Qui personnifie si bien le type du Souverain le plus juste et le plus attaché aux Institutions Nationales, que de l'éclairer sur l'opinion publique.

Reprenez en mains le gouvernail de l'État et n'en laissez approcher personne : c'est la prérogative que Vous tenez de par la Constitution. Vos ministres ne pourront plus alors désorganiser, chacun à sa guise, les services publics par ces changements incessants de personnel et ces permutations funestes de magistrats qui se produisent à chaque renouvellement ministériel ; ils ne pourront plus distribuer, à tort et à travers, des sinécures à leurs partisans.

Pénétrez-vous, Sire, des vraies causes de la crise, et lorsque Vous aurez arrêté les mesures les plus efficaces et choisi des ministres dignes de Votre confiance, faites connaître Votre ferme détermination au peuple, dans un manifeste motivé, démontrez-lui que son salut dépend du choix des représentants qu'il Vous enverra pour seconder Vos ministres et appuyer leur programme. La Nation entière, soyez-en assuré, applaudira aux mesures énergiques, que les circonstances actuelles commandent impérieusement plus que jamais.

Le peuple hellène, malgré ses défauts, est profondément fidèle et sincèrement attaché à la Royauté ; il ne demande pas mieux que d'être rassuré et de sentir parfois la pression de la main qui le gouverne.

J'ai l'honneur d'être, Sire, de Votre Majesté,
le très respectueux et tout dévoué serviteur,

DEM. GEORGIADÈS.

LA

GRÈCE ÉCONOMIQUE

ET FINANCIÈRE

En 1893

PREMIÈRE PARTIE

COUP D'OEIL RÉTROSPECTIF

A la suite de critiques superficielles, parues, il y a environ deux ans, dans la presse parisienne, j'ai été amené à exposer dans les colonnes de l'*Économiste français*, en date du 6 février 1892, avec chiffres statistiques à l'appui, les améliorations notables et les progrès prodigieux accomplis par le peuple hellène sur le terrain économique, depuis son affranchissement jusqu'à nos jours.

Il est à remarquer qu'aux regards de l'observateur impartial, la Grèce offre un contraste bizarre qui paraîtrait inexplicable à ceux qui ignorent les circonstances et les conditions dans lesquelles la nation hellénique a vécu pendant et après un esclavage séculaire, le plus dur que nation ait jamais subi. D'une part, on remarque en effet dans la vie sociale et économique, en général, des progrès dus exclusivement à l'initiative privée, à l'activité individuelle des particuliers. D'autre part, on constate la corruption dans les mœurs politiques, le gouvernement livré à l'arbitraire des hommes au pouvoir, les lois et les peines n'existant que pour leurs adversaires politiques; le relâchement dans la discipline, dans l'armée et la police; l'anarchie, en un mot, le désordre complet dans l'administration des deniers publics, l'impunité des crimes et des abus commis par les partisans des gouvernants, le règne des marchandages et des compromissions honteuses dans le monde parlementaire.

Cette apparente anomalie est facile à expliquer.

Courbé pendant quatre siècles sous le joug le plus abominable, le peuple grec est resté honnête, prévoyant et économe.

Traité en esclave, il n'osait pas même lever les yeux sur ses persécuteurs qui le pressuraient et l'obligeaient à travailler à leur bénéfice exclusif.

Sa pensée dominante, son rêve unique, était de briser les lourdes chaînes qui l'empêchaient de lever la tête et de respirer l'air de la liberté.

Enfin, un beau jour, le peuple hellène rompit ses fers et parvint à délivrer une mince parcelle de la terre antique. Après une lutte désespérée, il put enfin jouir de cette liberté si ardemment désirée et conquise au prix d'un effort gigantesque.

Durant dix années d'une lutte inégale et sans merci, la population tout entière fut décimée par les combats, par les massacres, par les épidémies. Tout ce que la barbarie turque avait encore laissé debout fut renversé ; les villes furent détruites, les campagnes ravagées, les fortunes dispersées ; il n'y eut point de famille qui ne souffrît des martyres et des tourments de toutes sortes. Et, à la fin, après tant de sang versé, après de si grandes catastrophes, ce fut seulement une faible partie de la nation qui obtint l'indépendance. Plus de deux cent mille Grecs, d'après les estimations les plus modestes, perdirent la vie pour délivrer six cent mille seulement de leurs compatriotes.

Non seulement il leur fallait développer un travail opiniâtre et posséder de grandes aptitudes pour s'élever au-dessus de la situation où ils se trouvaient sous la domination musulmane, mais pour y parvenir en quelques années il fallait d'incroyables efforts et des sacrifices budgétaires extraordinaires. Tel a été le point de départ.

Il fallait tout commencer ! Et ce *tout* devait être créé par une poignée d'hommes qui comptaient, il est vrai, de grands patriotes, mais qui étaient privés d'instruction et d'éducation sociale et politique. Ils avaient l'esprit municipal, l'esprit de famille aussi, mais les nouveaux principes qui régissent les peuples et les États leur étaient étrangers. On ne pouvait pas trouver, en 1830, de citoyens instruits dans la vie publique et élevés dans le devoir civique; encore moins pouvait-on être gouverné par d'éminents Ministres des Finances et par des hommes d'État remarquables sortis tout armés comme Minerve du cerveau de Jupiter.

C'est dans ces conditions que le peuple grec a pu accomplir quand même des progrès économiques et sociaux notables, grâce surtout au régime fiscal modéré et doux dont il a joui jusqu'en 1879. Les hommes d'État qui l'ont jusque-là gouverné avec une sollicitude vraiment paternelle se sont, malgré l'imperfection de leur éducation politique, imposé pour règle de conduite invariable de taxer les contribuables le moins possible. En effet, ce qui a été accompli dans ce court espace de temps et dans les limites trop exiguës que les *grandes* puissances imposèrent au nouveau royaume, est, de l'aveu des hommes les plus autorisés, vraiment prodigieux. L'Épire, la Thessalie, la Macédoine, la Crète et plusieurs autres îles de l'Archipel, qui avaient pris une part glorieuse au réveil de la nation, n'en furent pas moins condamnées par l'Europe chrétienne et civilisée à rester courbés sous la domination odieuse qui pesait sur elles depuis plusieurs siècles.

SUPERFICIE DU ROYAUME

La superficie totale de la Grèce, y compris les territoires de l'Épire et de la Thessalie, est de 64.714 kilomètres carrés, qui se répartissent ainsi :

Grèce continentale	19.607	kilomètres
Péloponèse	21.687	—
Iles de la Grèce	10.025	—
Territoire de l'Épire.	1.136	—
— de la Thessalie.	12.259	—

NATURE DU SOL

Quoique d'une superficie très limitée, le sol de la Grèce réunit une grande variété de terrains dont l'étude est intéressante, non seulement à cause de leur richesse fossile, mais encore à cause des richesses minérales considérables qu'ils recèlent.

Les roches schisteuses contiennent de nombreux gîtes métalliques qui se présentent sous l'aspect de filons et d'amas de contact. On y trouve des minerais de plomb argentifère provenant des anciennes mines du Laurium, dont l'exploitation, reprise depuis quelques années, est en pleine activité; des minerais de cuivre, de fer magnésifère, d'émeri et des marbres blancs et mouchetés.

Les granits et les trachytes renferment également des minerais de plomb sous la forme de filons; tels sont ceux de Milo et d'Anaphi.

Dans les roches serpentineuses, on trouve des minerais de fer chromé et du magnésite en abondance.

Les terrains sédimentaires ont des gîtes de manganèse, des dépôts considérables de lignites, des plâtres, des argiles plastiques et d'excellentes pierres de construction.

Les roches trachytiques et les terrains pliocéniques renferment de riches dépôts de soufre, ainsi que des pierres meulières.

Tout le sel nécessaire à la consommation du royaume est extrait des eaux de la mer, dans les salines que le fisc exploite depuis longtemps.

Enfin, les actions volcaniques ont produit en Grèce de nombreuses sources minérales remarquables par leurs propriétés curatives, et dont les principales sont muriatiques, ferrugineuses, sulfureuses, amères et alcalines.

RICHESSE MINIÈRE

Il faut espérer que le gouvernement grec finira par se rendre compte des avantages immenses qu'il retirerait du développement méthodique de l'industrie minière.

Cette industrie, très limitée au moment de l'indépendance hellénique, a commencé à progresser en 1861, époque où fut promulguée la loi sur les mines, basée sur les dispositions générales de la législation minière de France. A partir de cette époque, des industriels ont hardiment entrepris des travaux miniers et le pays a été fouillé pas à pas. On a pu ainsi découvrir, sur différents points du royaume, un grand nombre de gîtes de métaux, de minéraux et de couches de combustible, dont plusieurs sont en cours d'exploitation, tandis que d'autres attendent les capitaux nécessaires pour être exploités.

De 1861 à 1875, divers décrets royaux accordèrent environ 400 concessions de mines de plomb, de zinc, de cuivre, etc., d'une superficie de 1.900.000 stremmes (1).

De 1869 à 1873, trente Sociétés se formèrent pour exploiter ces concessions, avec un capital de 18 millions. Ce n'était pas assez pour leur permettre de pousser activement les travaux et, dans un grand nombre de mines, l'exploitation fut interrompue faute d'argent.

Parmi les Sociétés qui ont survécu, je dois une mention particulière à l'importante Société française des usines du Laurium, qui s'est constituée le 17 septembre 1875, avec un capital de 13.500.000 francs et dont la situation est très prospère.

Je dois également citer : 1° la Société hellénique, formée au capital de 29.500.000 francs, laquelle est seulement concessionnaire des scories et rejets des anciens, qui se trouvent à la surface du sol ; 2° la Société française du Sunium, créée en 1872, au capital de 1.400.000 francs, pour l'exploitation du plomb argentifère du Laurium. Cette Société a été reconstituée par un groupe de capitalistes français, qui ont formé une nouvelle Compagnie au capital de 4 millions et en ont établi le siège à Paris. Les principaux métaux à extraire sont : le plomb argentifère, le fer et le zinc.

*
* *

Le sol de la Grèce renferme l'or, l'argent, le cuivre, le fer, le plomb et le zinc.

Parmi les minéraux combustibles, on trouve abondamment des lignites et du soufre.

Voici, d'ailleurs, une classification exacte des minéraux qu'on trouve dans le sol de la Grèce, avec quelques détails sur chacun d'eux :

Métaux. — Or, argent, plomb et zinc, cuivre, fer, chromite, manganite.

---

(1) Le stremme est équivalent à un dixième d'hectare.

Combustibles fossiles. — Lignite, pétrole et bitume, soufre.

Salines maritimes et sels. — Salines, alun.

Marbres, minéraux divers, pierres de construction et terres. — Marbres, pierres meulières, émeri, magnésite, écume de mer, gypse, amiante, barytite, pouzzolane, obsidienne et pierre ponce, quartz, granit, porphyre, serpentine, trachyte, micaschiste, calcaires schisteux, schiste argileux, tuf, calcaire marné et pierres lithographiques, pierre coquillière, pierres à aiguiser, albâtre, terre à brique et poterie commune, ocre rouge, cimolite, kaolin et terre réfractaire.

Sources minérales et émanations gazeuses. — Répandues dans un grand nombre de localités du royaume.

Or. — Dans l'antiquité, on exploitait l'or à Siphante, et d'après Hérodote, les mineurs offraient annuellement à l'oracle de Delphes un astragale en or. On trouve de petites paillettes d'or natif dans les sables composés de serpentine, de fer magnétique et de chromate de fer du ruisseau qui coule au pied de la ville de Skyros.

Près du village de Doliana, dans le Péloponèse, il existe un gîte de pyrite de fer, contenant de l'or.

Argent, plomb et zinc. — L'argent n'a pas encore été trouvé à l'état natif, mais il se trouve intimement uni au plomb dans des proportions très variables. Dans les minerais du Laurium, la teneur de l'argent dans le plomb est beaucoup plus considérable que celle des autres mines de la Grèce. Dans ces dernières, la teneur ne dépasse pas 2.500 grammes, tandis que celle du Laurium est supérieure à 10.000 grammes.

Les minerais de plomb argentifère de la Grèce se trouvent indistinctement dans les micaschistes, les calcaires, les granits et les trachytes, tantôt sous la forme d'amas et tantôt sous celle de filons qui traversent ces roches.

Les minerais de zinc, d'abord découverts au Laurium en 1870, se présentent tantôt intercalés dans les bancs de calcaire, sous la forme d'amas et de filons indépendants, de masses irrégulières et de griffons, tantôt enchevêtrés et mélangés dans les minerais de plomb argentifère.

Sur le versant occidental du mont Hymette, dont la constitution géologique est la même que celle du Laurium, on a découvert des minerais de zinc intercalés irrégulièrement dans des bancs de calcaire exploités, depuis quelques années, par une Société minière écossaise.

Aux environs de Karysto, en Eubée, près du village d'Armyropotamo, on rencontre de la galène argentifère, mêlée de carbonate de plomb, intercalé dans les calcaires qu'exploitaient les anciens.

Dans l'île d'Antiparos, il existe de nombreux filons de plomb argentifère, dont le plus important est à 1,000 mètres environ du port Saint-Georges.

Le plomb argentifère se trouve encore à Milo, à Santorin (Théra), à Anaphi, à Siphante et à Zéa.

A Milo, c'est au nord de l'île, sur les caps Vani et Phyrlingo, qui forment l'entrée du port, qu'ont été découverts des filons de plomb argentifère, traversant des trachytes. Les filons du cap Vani, qui ont une puissance de 0,40 à 0,50, paraissent avoir été exploités par les anciens, dont les excavations, qui se trouvent près de la mer, s'appellent encore aujourd'hui fossés d'argent.

Les minerais de Théra se montrent sous la forme de nids et d'amas irréguliers ; ils ont une teneur de 40 à 45 0/0 de plomb et de 500 à 800 grammes d'argent par tonne de métal.

Au Nord et au Sud de l'île de Siphante, il existe des mines de plomb argentifère, qui ont été exploitées par les anciens. Les galeries, poussées au-dessous du niveau de la mer et qui se trouvent sur un cap peu élevé, ont été inondées par ses eaux, qui se sont infiltrées à travers les fissures de la roche. Par ce phénomène naturel, s'explique la croyance d'Hérodote sur l'inondation des mines d'or de Siphante, par l'ordre d'Apollon, irrité contre les Siphantiotes de ce qu'ils avaient falsifié l'astragale d'or offert, chaque année, à l'oracle de Delphes.

Au Sud de l'île de Zéa existent des filons de plomb traversant, tantôt les calcaires, tantôt les micaschistes.

A Kimolos, les minerais de plomb forment des filons traversant les trachytes.

Cuivre. — Les minerais de cuivre ont été découverts sur différents points de la Grèce, tantôt mélangés avec le minerai plombifère et tantôt libres, à l'état de sulfure et de carbonate. Peu de ces minerais se trouvent sous la forme de filons ou d'amas exploitables.

Les principales localités dans lesquelles se trouve le minerai de cuivre sont : le Laurium ; Karysto; Argos; Panitzi ; Sériphos; Lamia, en Phthiotide, où, près du village de Limogardi, il existe une mine de cuivre qui fut exploitée par les anciens, comme le constatent les résidus cuprifères qui y gisent, et dont le minerai, d'une teneur variable de 3 à 25 0/0, se trouve sous la forme de filons qui traversent les roches serpentineuses; Pérachéloïton, aussi en Phthiotide, où l'on trouve près du village de Bosoni, à vingt kilomètres de Stylis et non loin du Sperchius, une mine de cuivre qui fut découverte et explorée par la Société Achille, constituée en 1872, et qui renferme des filons remarquables, d'une teneur moyenne de 7 à 50 0/0 ; Épidaure, où l'on trouve du minerai de cuivre dont la teneur est de 15 à 25 0/0; Trézène, où l'on a découvert des filons pareils à ceux d'Épidaure. On trouve également du minerai de cuivre à Anaphi, Paros, Karpénici, Andritzina (Olympe), ainsi que dans beaucoup d'autres localités qui n'ont pas été encore explorées.

Fer. — Le sol de la Grèce est riche en minerai de fer. Sur divers points de son territoire se trouvent disséminés des résidus provenant des fusions de fer des anciens. Presque toute la ville de Karysto est bâtie sur des scories ferrifères. On trouve le fer au cap Matapan, dans la Laconie, à Thermia, à Sériphos, etc. Dans l'amas des scories ferrifères de Sériphos on a découvert une monnaie carthaginoise, portant une tête de Cérès, du IVe siècle avant Jésus-Christ.

La Société métallurgique hellénique exploite les riches minerais de fer de Sériphos qui se trouvent, sous la forme d'amas, tout près de la mer. Dans l'intérieur de l'île, il existe des amas d'oxyde de fer magnétique, en contact avec le granit, qui ne sont pas encore exploités.

Les gîtes ferrifères de Sériphos peuvent produire plus de 2 millions de tonnes de minerais, bons à fondre ; ce sont les plus riches du royaume hellénique.

D'autres gîtes, qui ne sont pas sans importance, se rencontrent dans l'Eubée, à Chéliodroni, Skyros et Kéa. Les minerais de l'espèce se composent généralement de fer carbonaté, d'hématites et de fer oxydé magnétique.

La plupart sont manganésifères, et ceux de Sériphos en contiennent de 5 à 8 0/0.

Chromite. — Le chromite est un minéral très répandu en Grèce ; il se trouve sur plusieurs points du royaume, mais principalement en Attique et Béotie, en Eubée, en Phthiotide, en Argolide et Corinthie et dans les Cyclades; il se présente, dans les roches serpentineuses, tantôt sous la forme d'imprégnations et de stigmates, tantôt sous celle de masses plus ou moins considérables.

On a remarqué que la masse des chromes est souvent imprégnée de carbonate de chaux et enveloppée de beaux cristaux.

Les chromites livrés à la consommation contiennent, en général, de 38 à 55 0/0 d'oxyde de chrome. Souvent le minerai est mêlé avec du fer magnétique, la serpentine, l'olivine et autres matières semblables.

De riches gîtes de chromite ont été découverts, en Thessalie, depuis plusieurs années.

Manganèse. — Quelques mines de manganèse existent en Attique, en Eubée, en Phthiotide, en Phocide, en Arcadie, en Messénie et dans les Cyclades; la plupart de ces mines, pour l'exploitation desquelles le Gouvernement a accordé plusieurs concessions, renferment du minerai de fer manganésifère, plutôt propre à la fusion du métal de Bessemer.

A Pérachora, en Corinthie, des travaux de recherches ont fait découvrir un gîte manganésifère dont le minerai contient de 70 à 75 0/0 de peroxyde de manganèse.

Au cap Vani, de Milo, se trouvent également des minerais de manganèse pur, formant des masses irrégulières dans les roches trachytiques.

Combustibles fossiles. — Lignites. — Dans l'ordre des terrains géologiques qui constituent le sol de la Grèce, le terrain carbonifère fait défaut. L'absence de la houille, soit qu'elle n'existe pas, soit qu'on ne l'ait pas encore découverte, rend le pays tributaire de l'Angleterre qui importe annuellement dans la royaume, pour l'industrie, la navigation et les entreprises métallurgiques, environ 100.000 tonnes de houille et de coke;

fort heureusement les nombreux gîtes découverts dans le terrain tertiaire, très répandu sur le sol de la Grèce, donnent un précieux combustible, — les lignites, — qui, avec le temps, remplaceront une grande partie de la houille importée. Ce combustible est déjà très avantageusement employé par l'industrie. Près de 400.000 stremmes de superficie carbonifère sont actuellement ou concédés ou en cours d'exploitation ; cette exploitation a amené la découverte d'importants et de riches gîtes de ce précieux combustible. Les travaux les plus considérables qui ont été faits, jusqu'à présent, sont ceux d'Oropos, de Cymi et de Mégare.

Les combustibles fossiles de la Grèce sont plus ou moins compacts, d'une couleur noirâtre, tirant sur le brun: ils donnent une poussière brunâtre et une flamme vive et longue; ils renvoient, par la cheminée, moins de suie et de poussière que la houille anglaise; ils brûlent sur les foyers ordinaires des machines à vapeur; enfin, ils renferment de 38 à 50 0/0 de carbone, chauffent le fer à blanc, et leur incinération donne de 6 à 15 0/0 de cendres.

Pétrole et bitume. — Les eaux minérales de l'île de Zante contiennent du bitume, mêlé de pétrole; on le trouve principalement au sud de l'île, près du petit port de Chéri, à 500 mètres environ du rivage et au milieu d'une vallée marécageuse, portant le nom de Kiri.

Les travaux de sondage, entrepris il y a quelques années en vue d'une exploration pour laquelle avaient été creusés deux puits d'une profondeur de 35 mètres sur un diamètre de 0m,12, et à une distance de 200 mètres de la source, ont dû être interrompus faute de capitaux.

Aux environs de la source, en suivant les bords du marais, dont le sol est formé de détritus de plantes aquatiques, on sent le terrain se mouvoir et produire un effet pareil à celui d'un corps élastique.

Les bitumes forment, d'une manière continue, autour de la source, de grandes bulles noires, qui se brisent aussitôt et dont les débris sont entraînés dans la mer, avec le pétrole, par les eaux de la source.

A Cyllène, qui est en face de Zante, à Galaxidi et en Parnasside, on a aussi trouvé des traces de pétrole et de bitume qu'on ne s'est pas encore donné la peine d'explorer.

Soufre. — Dans presque toute la partie sud-est de l'île de Milo, on trouve des dépôts sulfurifères. A Palæochori, Calamo, Commia, Castana et Zéphyria, on les voit dans les marnes des terrains tertiaires; à Phyrlingo et Réma, dans la roche poreuse.

L'exploitation du soufre commencée il y a vingt-cinq ans environ, a été entreprise dans le but principal de combattre la maladie qui ravageait alors les vignobles.

C'est Phyrlingo, qui en est le centre principal. Les minerais de soufre s'y présentent sous la forme d'un amas très irrégulier, mais assez riche, dont la puissance varie de 5 à 16 mètres et la teneur de 5 à 50 0/0 de soufre; on trouve souvent dans la masse du gîte des crevasses remplies de soufre pur, formant quelquefois de beaux cristaux.

On traite les minerais pauvres, dont la teneur n'est que de 15 à 25 0/0, par le système Calcaroni et les plus riches, qui en contiennent de 25 à 50 0/0, par le système Doppioni. Les minerais farineux qui sont exploités à Phyri-Plœca et à Tsakistra, et dont la teneur est de 16 à 20 0/0, ne sont pas traités, mais transportés et vendus en Grèce, ou, pour la plus grande partie, en Turquie.

Le soufre produit à Milo est pulvérisé à Patras par des broyeurs que des machines à vapeur mettent en mouvement; de là, on le transporte sur les divers marchés de la Grèce. La production du soufre à Milo ne s'élève qu'à la dixième partie du soufre importé par l'Italie pour les besoins du pays.

Quelques dépôts sulfurifères existent également sur d'autres points de la Grèce, notamment à Santorin, à Soussaki, au fond du golfe de Saronique, en Kiparissie, et dans la vallée de Katacolo, en Élide, mais ils n'ont pas assez d'importance pour être exploités.

Marbres. — Le sol de la Grèce est riche en marbres blancs colorés, tous propres à la décoration architecturale et à la statuaire.

A Skyros, Paros, Naxos, Tinos, dans l'Eubée, l'Attique et le Péloponèse, il existe de vastes carrières où les anciens exploitaient ces beaux marbres qui ornaient les temples de l'antiquité, et avec lesquels furent créés, par le ciseau d'artistes de talent, ces immortels et inimitables chefs-d'œuvre de la sculpture, dont la vue provoque encore aujourd'hui un sentiment d'admiration.

Les gîtes qui fournissaient aux anciens la matière première sont loin d'être épuisés, mais il faudrait des capitaux pour reprendre leur exploitation régulière et technique.

Les carrières de Tinos renferment des marbres remarquables, tantôt tout blancs à grains fins, tantôt blancs, variés de bleu, et que l'on appelle *tourkinos*. Quelques-uns de ces marbres sont noirs, quelquefois verts serpentineux; on en a tiré les colonnes de 6 mètres de hauteur sur 0m,60 de diamètre que l'on voit dans l'église catholique d'Athènes.

Les marbres blancs et à grain fin de l'île de Naxos, qui furent exploités par les anciens, se trouvent sur le versant du mont Jupiter et sur le rivage d'Apollonia. Sur ce rivage, on aperçoit une statue colossale, à moitié achevée, ayant 10m,60 de hauteur, sur 2m,40 de largeur et 2m,20 d'épaisseur, sans bras, et adhérant au banc de marbre qui a 25° d'inclinaison.

Le marbre blanc existe dans la partie septentrionale de l'île de Nio, où il constitue des couches d'une épaisseur suffisante pour en tirer de grands blocs.

Les anciennes carrières d'Eubée contiennent principalement du marbre blanc.

Les carrières anciennes et modernes de l'Attique fournissent annuellement de grandes quantités de marbre en colonnes, plaques et gros blocs dont on décore les édifices publics et les maisons d'Athènes et du Pirée.

Les carrières du mont Pentélique se distinguent par leur étendue et la qualité supérieure du marbre qu'elles contiennent. Ce marbre est en grande partie blanc, quelquefois nébuleux, saccharoïde et susceptible d'un grand poli; il résiste aux influences de l'atmosphère et renferme des grains de quartz très fins qui rendent son polissage difficile, mais il a l'avantage de présenter une teinte bleuâtre avec des reflets rouges donnant aux ouvrages d'art une vivacité que n'a pas le marbre de Carrare.

Sur le versant du mont Hymette, on exploite des marbres blancs, traversés de lignes bleuâtres, blanchâtres et noirâtres mêlées de blanc.

Dans le Péloponèse, sur le versant du mont Taygète, on rencontre des carrières de marbre blanc et moucheté. Au cap Matapan, on trouve du marbre rouge foncé; à Archonditza, du marbre rouge veiné, et à Kastri, du marbre rouge tacheté de blanc dont les carrières sont situées à 8 kilomètres de Porto-Quaglio.

Dans l'éparchie de Gythion, près du village de Nymphe et à une faible distance de la mer, il y a des carrières de marbre blanc. Dans l'éparchie de Mantinée, au village Saint-Vlassi, non loin de Tripoli, on trouve du beau marbre noir; enfin, l'éparchie de Gythion renferme quelques carrières de marbre rouge, de marbre rouge veiné que l'on extrait en plaques d'une forte épaisseur et de marbre blanc rubané.

Ces dernières carrières sont situées à proximité du port Saint-Cyprien.

On consomme annuellement, à Athènes et au Pirée, environ 1.200 mètres cubes de marbre blanc et 2.500 mètres cubes de marbre noirâtre, estimés de 180 à 200 francs et de 110 à 120 francs le mètre cube, y compris le transport qui est de 40 francs et qui augmente à raison de la grosseur du bloc.

Quoique très abondants, les marbres du Pentélique sont considérés comme des marbres de luxe, à cause des frais considérables d'exploitation et de transport.

Le marbre blanc de l'île de Paros constitue des couches d'une assez grande épaisseur; on en peut tirer de grands blocs. Les carrières sont situées à cinq kilomètres environ du port Marmara.

Émeri. — On trouve l'émeri à Naxos, Paros, Héraclée, Sikinos et Thèbes.

L'émeri de Naxos, qui est d'excellente qualité, existe, en gros amas, sur différents points de l'île; mais, à cause de l'inégalité du sol et des difficultés du transport, l'exploitation est limitée aux minières de Corkès, Amalia, Kastelakia et Besoulès, qui sont à 5 kilomètres du port de Léonos, et à celles de Scaphi, Kacorhyaki, Spiliès et Machéra, situées à 7 kilomètres du port Moutzouna, où l'on en embarque de grandes quantités.

L'émeri qui contient de l'oxyde de fer magnétique est très dur, celui qui contient du micas est tendre et n'est pas employé dans l'industrie. Quelquefois on trouve, comme accessoires, des pyrites de fer et de cuivre.

L'émeri de Paros se présente en amas sur la cime d'une montagne, à côté du village de Tzimbido ; il est facile à exploiter, car il est presque à la surface du sol.

L'émeri d'Héraclée existe en petits amas dans les minières portant le nom de Platzes et Vorini-Spilia, qui ne sont qu'à 3 kilomètres du port d'embarquement.

L'émeri de Sikinos forme un gisement assez considérable, à la surface du sol et tout près de la mer.

L'exploitation de l'émeri de Naxos appartient exclusivement au fisc. Les habitants des villages de Koronide et d'Apéranthe ont seuls le droit d'exploiter l'émeri à prix fait.

Lorsque la masse de l'émeri est compacte, l'exploitation se fait au moyen du feu ; lorsqu'elle est fissurée, au contraire, elle s'opère par des leviers et des maillets.

Magnésite. — Le magnésite se trouve sous la forme d'amas veineux en Eubée et dans les provinces de Phthiotide et de Spetzia.

Les gîtes de la partie nord de l'île d'Eubée sont considérables ; ils renferment d'excellent magnésite, abondant et d'une exploitation facile. Le magnésite des provinces de Phthiotide et de Spetzia est à peu de distance de la mer ; il se présente sous la forme de filons qui se perdent à une petite profondeur.

A Castrovala, près de Cymi, et à Aphrati, près de Chalcis, on trouve également des gîtes importants de magnésite.

La production annuelle varie de 1.000 à 2.200 tonnes, d'une valeur de 35.000 à 77.000 francs. On exporte le magnésite en Angleterre pour la fabrication du sulfate de magnésie ; il s'en exporte de petites quantités en Autriche, pour la fabrication de la chaux hydraulique, et en France pour celle des tuiles réfractaires.

(Les détails précédents sur l'industrie minière sont empruntés au remarquable ouvrage de M. B. Girard, commissaire-adjoint de la marine française.)

SOURCES MINÉRALES ET ÉMANATIONS GAZEUSES

Les actions volcaniques ont produit, en Grèce, de nombreuses sources de compositions variées et de propriétés remarquables, mais on n'a su tirer, jusqu'à présent, aucun parti avantageux de ces sources thermales dont quelques-unes sont renommées depuis la plus haute antiquité. Beaucoup de malades vont, chaque année, demander la guérison à ces eaux salutaires, qui conviennent dans un grand nombre d'affections, comme, par exemple, les eaux de Cyllène, pour les maladies chroniques des voies respiratoires; celles d'Hermione, pour les maladies des voies urinaires; celles d'Ædipso, dont la vertu thérapeutique est particulièrement efficace dans les affections goutteuses, nerveuses et rhumatismales; celles de Kalavria, dont les propriétés sont digestives et diurétiques; celles de Mousséli et de Galaxidion, très efficaces dans les maladies du foie et de la rate; celles des Thermopyles et d'Hypati, connues, dès l'antiquité, par leurs merveilleuses propriétés contre les exanthèmes de la peau, les dartres, ulcères, la goutte invétérée et les maladies vénériennes; celles de Bari, sur les versants du mont Hymette, qui sont très efficaces dans les maladies de l'estomac, les catarrhes chroniques et les affections scrofuleuses.

Malheureusement, la plupart des établissements thermaux manquent de confortable; on ne trouve une installation convenable qu'à Kythnos (Thermia) et elle est due à l'État qui y a fait construire, il y a quelques années, un très bel établissement sur le bord de la mer.

Il serait injuste de ne pas rendre hommage à l'intelligente initiative de M. D. Sgouta qui vient de fonder *les Eaux et Bains thérapeutiques de* Cyllène (Lintzi), établissement de premier ordre qui, pour le bien-être et le confort, ne le cède en rien aux principales villes balnéaires de France, mais la nécessité de créer des stations balnéaires en Grèce ne s'en fait pas moins vivement sentir.

CLIMAT

La Grèce, à cet égard, est bien plus privilégiée que la Suisse et l'Italie, car son climat est doux et tempéré, les sites sont incomparables; l'air y est en général très pur et très sec; l'atmosphère d'une beauté ravissante; mais c'est surtout dans les montagnes qu'il faut jouir de ce beau ciel sans nuage qui influe si puissamment sur la personnalité des habitants.

Ce qui donne encore à ce climat un caractère privilégié, c'est la régularité des saisons. L'hiver interrompu plus d'une fois par une température délicieuse est de courte durée. Le printemps se présente alors avec tous ses charmes. L'été paraît ensuite dans toute sa radieuse beauté; ici les orangers en fleur, là mille plantes aromatiques... et des nuits pures, claires, poétiques.

Comment se fait-il alors qu'étant données toutes ces séductions, l'étranger, le touriste, hésitent à y venir, ou n'y viennent qu'en petit nombre? C'est qu'il manque dans ce beau pays, si merveilleusement doté par la nature, bien des choses, par exemple, des hôtels confortables. Aussi le voyageur ne se décide guère à quitter son « home », pour visiter « l'Acropole »; il préfère aller voir le clocher de « Giotto » à Pise et les montagnes de la Suisse où il est sûr de rencontrer toutes les commodités de la vie.

Pour y attirer les étrangers et faire **affluer l'or** dans le pays, il faut avant tout qu'ils y trouvent la possibilité d'une vie agréable et confortable. Quand les hommes d'État de la Grèce moderne comprendront que c'est dans ce sens surtout qu'ils doivent encourager et stimuler à tout prix l'initiative privée, la grande « industrie de l'exploitation des touristes étrangers » se développera dans ce pays-ci plus que dans tout autre. Alors les bénéfices récoltés par toutes les classes de la société et *indirectement* par l'État seront si considérables que le gouvernement grec pourra *faire face au service d'une dette publique deux fois plus élevée que celle d'aujourd'hui*. Un important journal d'Athènes, l'*Éphiméris*, ne cesse de le répéter, « la question de l'industrie d'exploiter les étrangers », s'il est permis de s'exprimer ainsi, est de la plus haute importance. Voici, d'ailleurs, ce que ce journal écrivait il n'y a pas longtemps :

« C'est aussi l'avis du général Türr, avec qui nous nous sommes justement entretenu ces jours-ci de ce sujet. Voici ce qu'il nous disait avec le sens pratique et la clarté d'esprit qui le distinguent: « Avant peu, la Grèce aura environ plus de mille kilomètres de chemin de fer ; la possession d'un tel réseau, s'il facilite les communications et augmente les affaires, impose d'un autre côté de grandes charges à l'État pour les intérêts qu'il paie aux Compagnies de chemins de fer. Cette charge d'intérêt à payer par l'État pendant plusieurs années pour la garantie des emprunts n'a guère de chance d'être allégée par le développement de l'agriculture, du commerce et de l'industrie, développement qui est forcément limité. L'allégement des susdits intérêts, ajoutait le général, sera produit par le grand concours d'étrangers qui visiteront votre pays, et contribueront ainsi à augmenter grandement les revenus des chemins de fer. La Grèce peut très facilement et très rapidement devenir le rendez-vous des étrangers, l'Éden des touristes ; ses avantages naturels sur la Suisse, par exemple, sont évidents, car la Suisse n'est abordable aux étrangers que pendant deux ou trois mois de l'année, tandis que la Grèce, grâce à son climat, peut, pendant huit mois de l'année, être la plus agréable des résidences. Que faut-il pour arriver à ce « desideratum » ? Bâtir des constructions en rapport avec les besoins et le goût du jour, tracer des routes, faire des jardins, etc. »

A Isthmia, dans un terrain des plus ingrats, criblé de pierres, M. le général Türr est arrivé à créer dans l'espace de six ans avec de grands efforts et beaucoup d'argent, il est vrai, un très beau jardin, qui n'a rien à envier à ceux de France ou d'Italie. Mais que de peines avant d'arriver à ce résultat ! Il a fallu faire venir de loin des quantités énormes de terres et d'engrais. Maintenant le jardin est superbe avec ses pavillons qui l'entourent, la maison sur le bord de la mer et tout à l'entour une centaine de constructions de toutes sortes édifiées pour les besoins du percement de l'isthme de Corinthe.

Isthmia, par exemple, peut devenir, en hiver, un lieu de résidence des plus agréables pour les étrangers. Son climat est doux, salubre, très égal et, de plus, on y est bien placé pour des excursions à « l'Acro-Corinthe », à Mycènes, Tyrinthe, Argos, Épidaure, etc. Sur la ligne Myli, Sparte, Calamata, à Olympie ; entre Missolonghi et Arta, il faut que, dans des sites choisis, bien exposés, on élève de bons hôtels dont le confort ne laisse absolument rien à désirer.

Sur la ligne Athènes-Larissa, on pourrait obliger la Société de construction des chemins de fer à édifier des hôtels, aux Thermopyles par exemple, à Marathon, à Pharsale et dans d'autres endroits historiques ou bien situés, comme l'a fait la Société des chemins de fer Autrichiens dans le Tyrol, à « Toblach » notamment, et ailleurs, où elle a construit pour les touristes des hôtels de premier ordre dont elle tire un double profit. Pourquoi n'en serait-il pas de même en Grèce? Encore un exemple : l'hôtel des Indes-Orientales, à Brindisi, est l'œuvre des Chemins de fer de l'Italie méridionale.

Dans ces conditions, avec de bons hôtels où la vie serait confortable et facile, on pourrait, sans aucune exagération, compter sur une moyenne par an de deux cent mille voyageurs circulant dans le pays. En supposant que chaque voyageur ait à débourser, pour frais de chemin de fer, soixante francs, les chemins de fer encaisseront, de ce seul chef, des étrangers, une somme de douze millions, somme presque suffisante pour payer les intérêts des capitaux nécessaires à leur construction. Si chaque étranger, en outre, dépense en moyenne (et c'est un minimum) pendant son séjour, cent cinquante francs pour frais de logement et de nourriture, plus cinquante francs pour achats de souvenirs ou de produits indigènes, tels que tapis, tissus, etc., il en résultera un débours de quarante millions qui resteront dans le pays.

De la bonne volonté, de l'initiative et un peu de sens pratique peuvent en rien de temps transformer tous ces chiffres en réalité.

POPULATION

En 1830, le lendemain de l'affranchissement de la Grèce, la population du royaume dépassait à peine 600.000 âmes. Avant la révolution de 1821, on pouvait en compter le double; mais le Péloponèse et la Grèce continentale, affirme Thiersch, ont perdu par la guerre la moitié de leur population, et quelques éparchies en ont même perdu plus de la moitié.

Le premier recensement régulier a été fait en 1838 et il a donné le chiffre de 752.000 habitants. En 1870, on en comptait 1.457.894 sur lesquels 229.516 habitants se rapportaient aux îles Ioniennes, réunies à la Grèce en 1864. Le dernier recensement a été fait les 27 et 28 avril 1889, et il a donné 2.287.208 habitants, dont 344.067 pour les nouvelles provinces de l'Épiro-Thessalie.

Si nous ajoutons à ce chiffre de	2.187.208	habitants
le nombre des sujets hellènes établis dans les pays étrangers, c'est-à-dire :		
En Europe.	70.204	—
En Asie	43.241	—
En Afrique.	21.039	—
En Amérique.	595	—
En Australie	168	—
nous avons un total de	2.322.455	âmes.

INSTRUCTION

M. Gaston Deschamps, le spirituel et distingué écrivain, a publié, en 1892, une étude aussi impartiale que profonde sur la Grèce[1].

« La religion et l'école sont, dit-il, depuis des siècles, les deux refuges qui ont sauvé de toute altération la nationalité héllenique; ils l'ont gardée intacte, à travers tous les dangers qu'elle a courus et tous les assauts qu'elle a subis. »

En Grèce, l'enseignement primaire est gratuit et obligatoire. On compte, dans le royaume, 35 gymnases, plus de 300 écoles secondaires du deuxième degré, 1.569 écoles primaires de garçons, 332 écoles primaires de filles. Il faut ajouter un grand nombre d'institutions libres, pour la plupart très florissantes. Grâce aux libéralités d'un riche Grec d'épire, Apostolos Arsaki, *la Société pour le développement de l'instruction* a pu bâtir une grande école, un vrai lycée de filles « l'Arsakion ».

Cet établissement, qui comprend à la fois des salles d'asile, des classes élémentaires et des cours préparatoires à l'enseignement, compte 37 professeurs, 39 maîtresses, et près de 1.500 élèves.

L'université d'Athènes, comme la plupart des grands établisse-

---

(1) *La Grèce d'aujourd'hui*, par M. Gaston Deschamps, chez Armand Colin et Cie, éditeurs, 1892.

ments d'utilité publique en Grèce, a été bâtie et organisée grâce à l'initiative privée. Elle compte 62 professeurs et plus de 2.600 étudiants par an.

Mais, sans cesser d'admirer les efforts du gouvernement hellène et des particuliers pour répandre l'instruction dans toutes les classes des deux sexes, qu'il me soit permis, dans l'intérêt de la vérité, de contester ici l'utilité des méthodes trop surannées qui sont encore en pratique dans le royaume.

La Grèce est un pays essentiellement agricole, commercial et maritime.

L'instruction est le principe même de la puissance des nations, et l'agriculteur, l'industriel, le négociant, en un mot l'entrepreneur sérieux, ne peuvent, au siècle où nous vivons, se passer de cette force intellectuelle. Ici encore, il convient de nous entendre sur les mots. On appelle vulgairement *instruction* une certaine somme de connaissances littéraires, scientifiques et historiques, sans application définie, et c'est ce qui, en effet, constitue, à tort ou à raison, notre instruction générale et commune. A Dieu ne plaise que j'en conteste l'utilité et surtout l'agrément! Mais je dois faire remarquer que ce n'est pas celle qui peut être la plus directement utile et la plus indispensable à un industriel, à un entrepreneur, à un négociant, à un marin. Ce dont on a aujourd'hui le plus besoin, c'est l'étude des principes de l'art qu'on exerce, celle des affaires et des études économiques en général.

L'étude de notre art nous ramène souvent aux sciences exactes et physiques, et celle des affaires, aux sciences morales. Sous le régime de la liberté et de la concurrence, on ne peut réussir qu'à la condition d'apporter dans les affaires une intelligence du milieu industriel, la connaissance instinctive ou raisonnée des principes généraux qui régissent toutes sortes d'entreprises, une vigilance et une activité infatigables. C'est assez dire que nous ne devons pas regarder les affaires comme une routine, ni croire facilement, quelle que soit notre instruction pratique, que nous savons tout et que nous n'avons plus rien à apprendre.

L'homme ignorant et sans jugement est le seul qui tombe dans ce travers; par malheur, disons-le franchement, c'est le cas d'un très grand nombre de personnes en Grèce, — et ailleurs.

Quelle que soit son instruction, l'homme sensé est toujours

convaincu qu'il ignore plus qu'il ne sait et il ne laisse échapper aucune occasion de s'instruire.

On entend, cependant, la plupart des hommes qui ont appliqué leur vie à diverses entreprises, dire que la pratique, sans préceptes généraux, sans enseignement d'aucune sorte, suffit à l'homme d'affaires; que la recherche des lois et des règles générales en pareille matière est inutile sinon dangereuse; que le temps passé à l'étude est tout au moins perdu; qu'il n'y a rien à apprendre dans les livres, etc.

Que l'étude sans pratique ne puisse former un homme d'affaires, on le comprend facilement; que des théories d'imagination et sans application possible exercent sur les habitudes de notre esprit et de notre jugement une fâcheuse influence, c'est incontestable; mais il n'en résulte nullement que les affaires ne soient pas régies par certains principes généraux que nous devons étudier et connaître. Ces principes sont simples et en petit nombre, et pourtant combien d'hommes d'affaires font journellement fausse route et commettent des erreurs grossières qui les ruinent, faute de les avoir appris ! Qu'aurait-il fallu souvent pour leur épargner un désastre ? Un simple avis, un mot qui eût appelé leur attention sur le côté faible de leurs entreprises irréfléchies.

En Grèce, l'instruction publique est très répandue, comme je l'ai déjà dit.

Mais c'est une instruction sans fondement sérieux, où manquent la substance et la solidité. On y enseigne les auteurs classiques, un peu d'histoire, de géographie et quelques notions de mathématiques. C'est tout. Aucune connaissance pratique, aucune éducation sociale ou économique, que les familles, elles aussi, sont incapables de donner à leurs enfants.

En un mot, ceux-ci entrent ignorants dans les écoles pour en sortir, au bout de quelques années, pétris de pédantisme et de prétentions ridicules, considérant, comme dégradant pour leur prétendue supériorité grammaticale, de suivre la profession de leurs parents ou d'embrasser la carrière commerciale.

Il règne malheureusement dans les mœurs extérieures, les habitudes et jusque dans l'enseignement une fausse pudeur, une pruderie hypocrite qui empêchent d'avouer la poursuite des richesses comme un but légitime d'occupation et qui fait qualifier de *libérales*, c'est-à-dire propres aux hommes libres, certaines professions, la médecine et le droit entre autres, par opposition à d'autres qu'on considère à tort comme serviles! C'est à cela qu'on doit la quantité innombrable des avocats sans causes, des médecins sans malades.

Ces préjugés faux et condamnables ont des suites fâcheuses. On aspire à des occupations libérales et on dédaigne le travail industriel. Voilà pourquoi la Grèce manque d'agriculteurs sérieux, de filateurs, de tanneurs, de fabricants de vins, d'huiles, de savons, et de chefs pour toutes les autres branches de l'industrie auxquelles la contrée se prête si bien et dans lesquelles les capitaux trouveraient une si abondante rémunération.

Un beau jour, des étrangers éclairés et vigilants, attirés par les richesses naturelles, inépuisables, dont le pays est doté, viendront s'enrichir à la barbe et au nez des indigènes. Alors, sortant de leur coupable assoupissement, ceux-ci pousseront des cris de désespoir et ils accuseront ceux-là d'usurpation et Dieu sait de quoi encore !

Il n'y a pas à se faire illusion, du haut en bas de l'échelle sociale, à part quelques exceptions, l'ignorance des lois économiques est à peu près la même. Et s'il n'y avait que l'ignorance, le mal ne serait pas bien grand : l'ignorance, c'est l'absence de toute notion sur un sujet donné. Mais, que dire du faux savoir et de l'infatuation des classes dites intellectuelles, de ces vices que Jean-Jacques Rousseau estimait « cent fois plus méprisables que l'ignorance » et qui sont, il n'y a pas de doute, infiniment plus dangereux ?

Lorsque les pédants de la nouvelle Grèce s'aperçoivent que leur ignorance conduit leur pays à la décadence et à la ruine, ils trouvent plus commode d'accuser la dureté des temps, l'instabilité des conditions sociales, l'indifférence, voire même l'hostilité des gouvernements pour le commerce ou l'industrie.

Ces injustes appréciations sont provoquées par la croyance invétérée à la toute-puissance du gouvernement, à sa compétence universelle, et par la tendance naturelle, instinctive qui pousse les citoyens à invoquer son appui ou sa protection toutes les fois qu'ils sont embarrassés, gênés ou dérangés.

LA PRESSE

La statistique officielle de la presse grecque n'a pas encore paru jusqu'à présent. Le bureau de statistique du Ministère de l'Intérieur s'en est occupé pour la première fois, en 1892, et a recueilli les renseignements nécessaires en adressant aux directeurs des divers journaux des bulletins qu'ils devaient compléter eux-mêmes. Voici les résultats obtenus :

Nombre des journaux par départements.

Départements.	Journaux.			
Attique et Béotie	56	ou 1 journal par	4.602	habitants.
Cyclades	15	—	8.769	—
Larissa	11	—	15.275	—
Achaïe et Élide	9	—	23.412	—
Corfou	6	—	19.089	—
Zante	5	—	8.814	—
Acarnanie et Étolie	5	—	32.404	—
Céphalonie	4	—	20.044	—
Laconie	4	—	31.522	—
Argolide et Corinthie	4	—	36.209	—
Arcadie	3	—	49.428	—
Triccala	3	—	47.714	—
Eubée	2	—	51.721	—
Messénie	2	—	91.616	—
Phthiotide et Phocide	2	—	68.235	—
TOTAL	131	ou 1 journal par	16.096	habitants.

Classement des journaux selon la matière.

DÉPARTEMENTS	Politiques et sociaux.	Politiques et littéraires.	Scientifiques et littéraires.	Politiques et judiciaires.	Judiciaires.	Commerciaux et financiers.	Politiques et commerciaux.	D'agriculture.	Satiriques.	Total.
Attique et Béotie	9	6	27	—	3	2	2	2	5	56
Cyclades	11	1	—	—	—	—	3	—	—	15
Larissa	9	—	—	1	1	—	—	—	—	11
Achaïe et Élide	6	—	—	1	—	—	2	—	—	9
Corfou	3	—	—	3	—	—	—	—	—	6
Zante	1	1	—	1	—	—	2	—	—	5
Acarnanie et Étolie	4	—	1	—	—	—	—	—	—	5
Céphalonie	1	1	—	—	2	—	—	—	—	4
Laconie	2	—	—	2	—	—	—	—	—	4
Argolide et Corinthie	3	—	—	1	—	—	—	—	—	4
Arcadie	3	—	—	—	—	—	—	—	—	3
Triccala	2	—	—	—	—	—	—	—	1	3
Eubée	2	—	—	—	—	—	—	—	—	2
Messénie	2	—	—	—	—	—	—	—	—	2
Phthiotide et Phocide	2	—	—	—	—	—	—	—	—	2
TOTAL	60	9	28	9	6	2	9	2	6	131

DEUXIÈME PARTIE

AGRICULTURE ET PLANTATIONS — CÉRÉALES

La Grèce a été de tout temps un pays agricole ; mais la domination turque qui sème partout la ruine et la misère avait éteint chez ses habitants l'ardeur au travail.

« L'état de misère dans lequel les paysans grecs se trouvent — écrivait M. Thiersch au lendemain de la libération du sol — par suite de la guerre, est tel qu'à la mort du Président, un tiers seulement possédaient une paire de bœufs ; quant aux autres, plusieurs en possédaient en commun ou n'en avaient pas du tout, et se voyaient forcés de labourer la terre avec la bache. » Aujourd'hui, après la réunion des îles Ioniennes et de l'Épiro-Thessalie au royaume hellénique, l'agriculture a fait de notables progrès et l'on estime à plus de 15.000.000 de stremmes la surface des terres cultivées.

La production des céréales n'atteignait, en 1821, que 500.000 hectolitres ; elle représente actuellement une valeur de 90 à 100 de drachmes.

Cependant, la production des céréales, en Grèce, n'est pas en proportion avec les besoins du pays qui se sont accrus à la suite de l'augmentation de la population ; aussi, chaque année, il faut importer une quantité considérable de céréales pour compenser l'insuffisance des récoltes du royaume.

On a importé en	1881	pour	39.617.744	drachmes
—	1882	—	37.476.840	—
—	1887	—	50.193.204	—
—	1888	—	30.803.716	—
—	1889	—	35.360.000	—
—	1890	—	29.433.270	—
—	1891	—	34.070.153	—

Pourtant la Thessalie à elle seule, avec ses immenses plaines si fertiles et si bien appropriées à la culture des céréales, pourrait alimenter toute la Grèce et même fournir des éléments sérieux à l'exportation.

Malheureusement, quand la Thessalie a été annexée à la Grèce, elle sortait de la domination ottomane.

C'est dire que les familles, autrefois nombreuses, avaient été décimées par la plus atroce des misères.

La famine était devenue endémique et la Thessalie se dépeuplait, la Thessalie qui avait autrefois nourri des nations entières, la Thessalie qui suffirait à enrichir la population d'un grand pays !

Qu'on rassure aujourd'hui les capitalistes étrangers et qu'on permette à l'initiative privée de se donner librement carrière. Qu'on fasse connaître aux ingénieurs et aux entrepreneurs les richesses perdues de cette admirable province, et quand ils lui auront donné l'outillage nécessaire, on verra sa production agricole dépasser de beaucoup les quantités importées actuellement.

Alors la balance commerciale penchera du côté de la Grèce, surtout si elle sait, comme je l'ai dit, attirer et retenir le touriste.

Aujourd'hui, par malheur, comme on le verra tout à l'heure, le chiffre des importations laisse loin derrière lui celui des exportations.

Il est vrai que la politique à courte vue et le gaspillage des ressources de l'État au profit de leurs partisans, inaugurés depuis une dizaine d'années par MM. Tricoupis et Delyannis, n'a pas laissé à ces *grands hommes* d'État le temps de s'occuper des intérêts vitaux de la Grèce et du bien-être de ses habitants.

CULTURE DE LA VIGNE

Depuis l'apparition du phylloxera en France, les efforts et les capitaux des agriculteurs en Grèce, comme en Asie Mineure, se sont spécialement portés vers la culture de la vigne.

En 1839, l'étendue des vignobles grecs n'était que de 2.400 hectares. En 1865, elle était de 50.000 et on exportait une quantité de 65.660.900 de livres vénitiennes.

Voici, d'ailleurs, le tableau des exportations depuis 1860 jusqu'à 1891. Il suffit pour nous donner une idée exacte du développement extraordinaire de cette branche de l'industrie nationale :

	Livres vénitiennes
1860	56.674.318
1865	65.660.900
1870	74.359.401
1875	117.280.697
1880	154.902.902
1881	228.950.951
1882	203.468.092
1883	221.456.834
1884	248.124.484
1885	217.517.935
1886	276.772.463
1887	236.079.679
1888	281.361.699
1889	291.130.671
1890	269.304.769
1891	282.681.566

TABAC

La production du tabac dépasse les besoins de la consommation intérieure.

D'après les données officielles, la production a donné :

	Superficie cultivée Stremmes	Quantités en ocques (1)
En 1890.	58.856	3.159.693
En 1891.	55.204	2.781.325
En 1892.	52.358	2.896.653

(1) Une ocque = 1 kilogramme 280 grammes.

Sur ces quantités il a été exporté :

	1890	1891	1892
	Ocques	Ocques	Ocques
Pour la Russie. . .	5.340	1.162	81.084
— l'Angleterre . .	84.535	113.611	168.867
— l'Allemagne . .	1.138	—	—
— la France . . .	70.109	286.602	357.692
— les Pays-Bas. .	326.975	384.614	717.461
— l'Autriche. . .	33.821	49.690	30.800
— l'Italie	3.424	17.187	17.271
— la Roumanie .	27.644	66.952	46.843
— la Turquie . .	405.416	422.185	548.206
— l'Égypte. . . .	1.650.478	310.121	103
— les États-Unis.	21	—	—
— Tunis et Tripoli.	10.963	1.558	323
— la Belgique . .	—	6.440	5.493
— Pays divers . .	—	6.251	4.811
Total. . . .	2.619.914	1.666.373	1.978.954

A ces chiffres il faut ajouter les quantités exportées en tabac haché :

	Ocques
En 1890.	63.817
1891.	87.095
1892.	64.284

En Grèce le monopole du tabac, proprement dit, n'existe pas encore. Mais, depuis 1883, les marchands de tabac sont obligés de faire hacher le tabac nécessaire à la consommation dans les ateliers du gouvernement, moyennant un droit fixe perçu par ce dernier sur la quantité, sans tenir compte de la qualité.

Le tableau suivant donne les quantités de tabac et de toumbéki (tabac persan) coupées dans les ateliers du gouvernement, ainsi que les droits perçus depuis 1883 à 1892 :

ANNÉES	OPÉRATIONS DES ATELIERS										OBSERVATIONS
	CONSOMMATION INTÉRIEURE							TRANSIT		Total des sommes perçues sur la consommation intérieure et le transit	
	QUANTITÉ COUPÉE			SOMMES PERÇUES							
	Tabac	Toumbéki	Total du tabac et du toumbéki	Droit de consommation	Frais de coupe et d'emballage	Droit de bandes	Total	Quantité du tabac coupé	Sommes perçues des frais de coupe		
	Ocques	Ocques	Ocques	Dr.	Dr.	Dr.	Dr.	Ocques	Dr.	Dr.	
1883	»	»	52.910	158.730	26.455	15.872	201.057	8.676	4.338	205.395	
de 14 Novembre 1884	»	»	772.071	2.316.213	386.035	231.615	2.933.863	78.557	39.278	2.973.141	
1885 au 10 Septembre	»	»	543.793	1.631.379	271.897	163.140	2.066.416	45.930	22.966	2.089.382	
1887	319.606	14.128	333.734	1.334.936	166.867	126.326	1.628.129	57.604	28.900	1.657.029	
1888	893.159	36.405	929.564	3.718.256	464.782	355.374	4.538.412	129.440	64.721	4.603.133	
1889	888.958	38.707	927.665	3.710.660	463.832	358.486	4.532.978	79.384	39.685	4.572.663	
1890	707.072	31.735	738.807	3.749.122	369.403	277.177	4.395.702	63.817	31.909	4.427.611	
1891	596.460	24.401	620.861	3.228.478	310.430	229.456	3.768.364	87.095	43.542	3.811.906	
1892	536.829	19.252	556.081	2.891.608	210.473	211.825	3.313.906	53.840	24.992	3.338.898	Du 1er Janvier à fin Octobre 1892.

AUTRES PRODUITS

Outre les céréales, les raisins et le tabac, les vins, l'huile d'olive les avélanèdes, les figues, le coton, etc., représentent des sommes importantes.

En général, le sol et le climat de la Grèce sont favorables à la plupart des produits agricoles. On est frappé de l'infinie variété de la flore grecque qui réunit les arbres et les plantes qu'on est habitué à rencontrer dans les contrées les plus différentes. Ainsi, on trouve sur les sommets du mont Cyllène le sapin des forêts sombres de l'Allemagne, et à quelques heures de distance, au pied de la montagne, on pourrait cueillir les fleurs roses du laurier et les branches aromatiques du myrte; le châtaignier croît à côté du figuier, et la vigne au milieu des framboises. Les fruits de toute sorte abondent et donnent, pour la beauté et la qualité, des résultats aussi satisfaisants que sous les climats les plus favorisés du monde. Enfin les légumes sont également cultivés avec soin et se distinguent par leur variété et leur excellente qualité.

La propriété agricole est très morcelée en Grèce, surtout dans les îles de la mer Egée, où l'on rencontre des propriétaires qui ne possèdent que 5 à 10 *stremmes*, souvent 2 *stremmes* et moins encore. Dans les plaines, cependant, il y a beaucoup de propriétaires qui en possèdent de 50 à 200, et plusieurs en ont 1.000. Ce morcellement de la propriété est la base salutaire de la société hellénique, car il la rend généralement conservatrice; c'est aussi la principale cause à laquelle la Grèce doit d'avoir échappé à peu près complètement au double fléau de la mendicité et des idées socialistes.

Si l'agriculture n'a pas fait de plus grand progrès, il faut l'attribuer :

1° Aux procédés encore primitifs de la culture;

2° A l'absence d'un établissement de crédit agricole permettant au paysan de se soustraire au joug de l'usurier qui le ruine. Mais pour cela, il faudrait établir avant tout un cadastre régulier.

3° A la négligence de ceux qui s'adonnent à l'élève du bétail

4° Au défaut de tout enseignement rationnel agronomique. Sous ce rapport, la Grèce n'est pas encore un pays agricole modèle, mais, comme je l'ai déjà fait remarquer, il ne faut pas oublier son point de départ, ni les progrès remarquables qu'elle a réalisés depuis. Certes, il y a encore beaucoup à faire; mais le résultat déjà obtenu dans une si courte existence politique, ne mérite-t-il pas de donner à ce pays une grande confiance dans l'avenir?

L'INDUSTRIE

L'industrie est très loin de l'agriculture; c'est dire qu'elle est bien peu de chose à côté de l'industrie de l'Europe occidentale. Cependant on ne peut pas s'empêcher de constater les changements notables survenus depuis quarante ans.

En 1845, M. Lecomte, étudiant la situation industrielle de la Grèce, constatait à peine l'existence de quelques petites manufactures de gaze, de quelques bonneteries, de quelques petites tanneries, et une fabrication de mouchoirs, le tout fait à la main. Pas de moulins même sous la forme la plus simple; c'était entre deux pierres tournées avec dextérité que les fermiers écrasaient le froment. Plus tard, il s'établit quelques petites industries; mais, en 1870, la grande industrie était encore inconnue.

En 1877, on compte déjà 39 moulins à vapeur établis dans vingt et une villes, 6 pressoirs à vapeur pour huile, 12 filatures de soie, dont 8 à vapeur et occupant 870 ouvriers; 18 filatures de coton, dont 12 à vapeur et employant 500 ouvriers; enfin plusieurs fabriques de tissus, dont 2 à vapeur; 27 tanneries, dont 7 occupant 780 ouvriers; 25 savonneries, quelques verreries, des tonnelleries occupant plus de 1.000 ouvriers, et des fabriques diverses: meubles, cartes à jouer, boissons gazeuses, parfumeries, fabriques de cravates et de parapluies. Ajoutons que, depuis quelques années, l'industrie vinicole a surtout pris un développement véritablement digne d'éloges.

LE COMMERCE

Le commerce a fait plus de progrès que l'industrie. A l'origine, lors de la fondation du royaume, il était insignifiant. En 1845, il s'élevait, d'après M. Lecomte, à 33 millions, dont 22 à l'importation et 11 à l'exportation (commerce spécial).

Plus tard, dans une étude statistique, publiée par le gouvernement en 1882, nous trouvons les chiffres suivants :

ANNÉES	COMMERCE SPÉCIAL	
	Importation.	Exportation.
1859	46.244.855	24.431.787
1872	99.068.101	56.201.217
1882	160.173.491	85.780.116

et pour la période quinquennale de 1887-1891 :

ANNÉES	COMMERCE GÉNÉRAL		COMMERCE SPÉCIAL	
	Importation	Exportation	Importation	Exportation
1887	144.721.806	109.390.649	131.849.325	102.652.487
1888	124.388.595	103.142.901	109.149.182	95.653.741
1889	162.122.869	115.974.249	132.653.248	107.777.808
1890	153.657.090	102.143.951	120.785.604	95.791.684
1891	155.514.982	110.443.501	140.359.674	107.489.713

RECETTES DOUANIÈRES

Montant des recettes nettes effectuées par le service des Douanes à l'importation.

	1882	1883	1884	1885	1886	1887	1888	1889	1890	1891
	—	—	—	—	—	—	—	—	—	—
Recettes.	25.270.236	27.795.694	25.766.861	22.221.231	26.211.595	34.840.303	33.824.051	33.002.967	31.885.607	36.186.526
Dépenses	790.606	869.563	1.093.912	1.016.424	1.065.940	1.064.686	1.129.523	1.125.498	1.203.231	1.261.00
Net	24.479.630	26.926.131	24.672.949	21.204.807	25.145.655	33.175.657	32.694.528	31.877.469	30.682.376	34.925.526

	1888	1889	1890	1891
Taxes perçues par les Douanes à l'exportation sur le raisin (1888-1891) . .	4.911.579	5.060.466	4.681.650	4.916.262
Impôt foncier perçu par les Douanes à l'exportation des tabacs, vins, figues, avélanèdes, balais, huile d'olive, bois à brûler, cocons, noix de galle, produits de la Laconie, etc. (1888-1891)	1.203.408	1.184.235	662.634	657.822

LA MARINE MARCHANDE

La marine marchande grecque perdit beaucoup de son importance pendant la période de la lutte pour l'indépendance, et, en 1830, un inventaire dressé à la suite des désastres de la Révolution accusa seulement l'existence d'environ 1.000 bâtiments de diverses grandeurs, jaugeant ensemble 31.000 tonneaux. Quatre années après, on constatait un accroissement considérable dans le nombre des navires de commerce, car un nouvel inventaire, dressé en 1834 dans tous les ports du royaume, donne un chiffre de 2.745 bâtiments.

En 1838, il en existait 3.269, jaugeant ensemble 85.202 tonneaux; en 1869, il y en avait de 5.813 avec un tonnage de 359.641; en 1871, ce nombre s'élevait à 6.135, représentant un tonnage de 419.359.

Un abaissement se produisit en 1872, où l'on ne trouva plus qu'un chiffre de 4.767 navires, pour un tonnage de 239.947. Toutefois cette diminution fut plutôt apparente que réelle. Elle eut pour cause les lois votées, la même année, par le Parlement français, lesquelles frappaient les provenances par pavillon hellénique de droits plus élevés que pour les autres pavillons, ce qui obligea les armateurs grecs à remplacer leur pavillon par des pavillons étrangers pour échapper à la rigueur des lois françaises. En effet, le gouvernement français ayant, dès l'année suivante, abrogé les lois en question, le nombre des bâtiments grecs atteignit, en 1873, le chiffre de 5.001, avec la jauge de 239.135.

Présentement, des renseignements authentiques accusent, pour la marine marchande hellénique, un chiffre de 3.237 bâtiments de toutes grandeurs jaugeant 272.667 tonnes. Cette diminution dans le nombre des bâtiments provient de ce que beaucoup d'embarcations, classées dans la catégorie des bateaux au-dessous de 30 tonneaux, ont disparu ou n'ont pas été compris dans le nouveau recensement spécial aux bâtiments de mer proprement dits.

Ce recensement nous donne encore les résultats suivants :

	ANNÉES					
	1883			1891		
Navires à voiles de toutes catégories.	3.164	jaugeant	239.361	5.675	=	213.819
Vapeurs	73	—	33.306	83	=	54.987
	3.237	jaugeant	272.667	5.758	=	268.792

MOUVEMENT MARITIME

	1882		1891	
	ENTRÉES	SORTIES	ENTRÉES	SORTIES
	Tonnes.	Tonnes.	Tonnes.	Tonnes.
Voiliers chargés.	6.111 = 321.661	3.349 = 191.620	2.247 = 183.669	1.257 = 74.560
— sur lest.	1.530 = 42.856	2.762 = 177.909	978 = 43.216	1.558 = 143.238
Vapeurs chargés.	1.842 = 1.829.036	1.883 = 1.854.703	2.220 = 2.135.960	2.079 = 2.064.180
— sur lest.	76 = 58.569	39 = 29.282	189 = 134.116	151 = 138.294
	9.559 = 2.252.122	8.033 = 2.253.514	5.634 = 2.516.961	5.045 = 2.420.272

Soit ensemble : 17.592 bâtiments = 4.505.636 tonnes.

dont chargés . . . . 13.185 = 4.197.020 —
sur lest. . . . . . . 4.407 = 308.616 —

17.592 = 4.505.636 tonnes.

Soit : 10.679 bâtiments = 4.937.233 tonnes.

dont chargés. 7.803 = 4.458.377 —
sur lest. . . 2.876 = 478.856 —

10.679 = 4.937.233 tonnes.

ROUTES ET CHEMINS DE FER

Développement des routes.

De 1835 à 1862 . . .	on a construit environ	241	kilomètres.
1863 à 1872 . . .	—	260	—
1873 à 1882 . . .	—	619	—
1883 à 1892 . . .	—	2.166	—
Total. . . .	—	3.286	—

La dépense totale a été de 49 millions de drachmes environ.

Malheureusement, une fois construites, les routes sont très mal entretenues.

Les cantonniers, nommés, la plupart du temps, en récompense de services électoraux, entendent jouir tranquillement de leurs appointements sans se fatiguer et ils refusent de se livrer au moindre travail.

Les Chemins de fer de la Grèce en Novembre 1892.

MONNAIE DRACHMES

NUMÉROS D'ORDRE	LIGNES	CAPITAL fourni par l'État	CAPITAL employé par les Compagnies	LIGNES en exploitation par l'État	LIGNES en exploitation par les Compagnies	LIGNES en construction par l'État	LIGNES en construction par les Compagnies
1	Pirée-Athènes-Péloponèse	(1) 8.021.008	40.315 201	»	451	»	»
2	Thessalie	2.826.800	24.045.000	»	203	»	»
3	Attique	»	5.400.000	»	76	»	»
4	Pirée-Athènes	»	5.000.000	»	8.6	»	»
5	Pyrgos-Catacolon	»	1.138.000	»	13	»	»
6	Myli-Calamata	(2) 22.500.000	»	103	»	77	»
7	Messolonghi-Agrinion	3.756.720	»	45	»	»	»
8	Messolonghi-Cryoneri	330.000	3.000.000	»	18	»	»
9	Pirée-Larissa	19.500.000	»	(200	»	393.7	»
10	Diacophto-Calavrita	2.400.000	»	(21	»	22.3	»
11	Prol. Pirée-Athènes (souterrain)	»	4.000.000	»	»	»	1.536
	*Il a été en outre payé :						
	Pour expropriations de terrains des lignes susmentionnées, à l'exception de celle de Myli-Calamata	3.925.000	»	»	»	»	»
	Pour frais généraux, études, etc.	500.000	»	»	»	»	»
	TOTAL { Drachmes.	18.893.768	83.228.201	148	767.6	493	1.536
	TOTAL { Francs	45.756.720					

(1) Une somme de 95.245 fr. 75 c. est à régler.
(2) La différence entre les 21.000.000 d'origine et la somme dépensée est dépassée.

NUMÉROS D'ORDRE	RECETTES BRUTES KILOMÉTRIQUES — Perçues par le Gouvernement — Voyageurs	Perçues par le Gouvernement — Marchandises	Perçues par les Compagnies — Voyageurs	Perçues par les Compagnies — Marchandises	Total — Perçu par le Gouvernement	Total — Perçu par les Compagnies	FRAIS D'EXPLOITATION par kilomètre	TAXES prélevées par le Gouvernement — par kilomètre	TAXES — TOTAL
1	»	»	7.230	2.275	»	9.505	4.862	637	290.000
2	»	»	2.750	5.250	»	8.000	3.922	618	125.550
3	»	»	6.115	1.700	»	8.315	4.357	508	43.110
4	»	»	136.430	(1) 11.130	»	147.560	68.000	15.080	129.720
5	»	»	6.410	11.970	»	18.380	7.915	»	40.000
6	3.750	512	»	»	4.262	»	4.068	»	36.000
7	2.400	540	»	»	3.000	»	4.310	381	23.240
8	»	»	2.400	540	»	3.000	4.310		
MOYENNE	3.357 77	520 51	7.215 90	3.228 61	3.878 28	10.444 51	5.121 96		687.620

OBSERVATIONS

Le Gouvernement a accordé à la ligne PAP une subvention de fr. 20.000 par kil. sur une longueur de kil. 440 et de 15.000 sur kil. 10 ; 970 ; total du subside, Drachmes 8.951.000. A cette somme il faut ajouter fr. 51.160,75 accordés pour prolongations de lignes.

Le Gouvernement a accordé aux chemins de fer de la Thessalie une subvention de fr. 20.000 par kil. sur une longueur de kil. 141 + 3, soit fr. 2.880.000 pour la ligne de Calambaca Volestino.

(1) La plus grande partie de cette somme vient des Établissements du Phalère.

EXPLICATIONS

1. La valeur des lignes appartenant aux Compagnies est indiquée ici d'après leurs balances.
2. Le Gouvernement a jusqu'à présent payé pour la ligne de Myli-Calamata 21.500.000 francs pour travaux, expropriations et intérêts intercalaires ; il doit encore payer 3.300.000 drachmes. La Compagnie Pap dépensera environ 3.000.000 de drachmes.
3. Les dépenses pour la ligne Pirée-Larissa inscrites dans ce tableau et arrêtées en août 1892, se montent à 17.550.000 francs pour travaux et commissions, y compris les retenues 10 0/0 à 350.000 francs pour frais généraux et à 1.600.000 francs pour intérêts, soit au total de 19.500.000 francs. Les travaux jusqu'à ce moment exécutés sur la ligne Pirée-Larissa correspondent à 200 kilomètres en travaux, etc. Pour l'achèvement de la ligne il faudra encore dépenser 34.500.000 francs.
4. Les travaux déjà exécutés sur la ligne Diacophto-Calavrita correspondent à 21 kilomètres.
5. Les travaux pour la prolongation de la ligne Pirée-Athènes sont presque terminés.
6. La Compagnie Pap s'est chargée de l'achèvement des 77 kilomètres de la ligne Myli-Calamata : elle en a déjà construit les deux tiers.
7. Les lignes Messolonghi-Agrinion et Diacophto-Calavrita ont été construites aux frais de l'État qui en a concédé l'exploitation à des Compagnies avec un barème de frais d'exploitation de 4.000 frances + $\frac{50}{100}$ R. pour la première de ces lignes et de 3.500 francs + $\frac{50}{100}$ R. pour la seconde.
8. Les recettes de la ligne Myli-Calamata ne sont pas encore satisfaisantes, car la section du milieu, de Tripoli-Diavolitzi, n'étant pas encore achevée, il n'y a d'exploitées que deux sections qui ne peuvent encore se joindre. Les recettes de la ligne Messolonghi-Cryoneri laissent aussi à désirer vu que la prolongation jusqu'à Arta et le port de Cryoneri n'ont pas encore été construits.
9. Les sommes perçues par le Gouvernement à titre de taxes, proviennent du timbre et de l'impôt sur les patentes et les bâtiments, etc. : elles sont ici calculées approximativement.
10. Les lignes : 1° de Xirocampo-Gythion, de 35 kilomètres ; 2° d'Olympie-Caritena, de 50 kilomètres, seront construites aux frais de l'État. L'exploitation de la première de ces lignes a été accordée à la Compagnie des Chemins de fer Méridionaux et de la seconde à la Compagnie de Pap. La Chambre a également voté la construction des lignes d'Hélos-Brala, de 34 kilomètres 500 et de Calavrita-Tripoli, de 90 kilomètres.
11. Le Gouvernement a accordé aux Compagnies chargées de la construction des nouvelles lignes de 220 kilomètres une subvention de 20.000 drachmes par kilomètre pour la ligne Léontari-Caritena, de 20 kilomètres, et de 25.000 drachmes par kilomètre pour les autres lignes de 200 kilomètres, en tout 5.200.000 drachmes.
12. La largeur des voies est de $1^m,44$ pour la ligne Pirée-Larissa et Pirée-Athènes, de $0^m,75$ pour celle de Diacophto-Calavrita et de 1 mètre pour toutes les autres.

RÉCAPITULATION

EN EXPLOITATION

Par l'État	Kil.	148		
Par les Compagnies	—	767. 6	Kil.	915.6

EN CONSTRUCTION

Par l'État	Kil.	493		
Par les Compagnies	—	1.536	Kil.	494.536

CONSTRUCTION DE NOUVELLES LIGNES

Par la Compagnie CPM, moyennant une subvention de 5.200.000 drachmes dans le Péloponèse	Kil.	220 (a)
TOTAL	Kil.	1.630.436

(a) Ces lignes sont :

1. Leontari-Caritena	Kil.	20
2. Pyrgo-Pylos avec embranchement de Kyparissia à Meligala	—	138
3. Leontari-Sparte et Xirocampo	—	62
TOTAL	Kil.	220

POSTES ET TÉLÉGRAPHES

En 1883, il y avait 213 bureaux de poste et 131 bureaux télégraphiques. En 1891, on comptait 280 bureaux de poste et 189 bureaux télégraphiques.

Pendant la même période, la longueur des fils télégraphiques aériens a été portée de 5.200 kilomètres environ à 6.550 environ.

Le gouvernement qui avait, en 1883, un peu plus de 42 kilomètres de câbles télégraphiques à sa disposition, en a maintenant plus de 48, et la Compagnie des Télégraphes orientaux en met au service des particuliers plus de 756 kilomètres au lieu de 642 kilomètres environ en 1883.

Le rendement net des postes et télégraphes s'est élevé de 210.758 drachmes, où il était en 1885, à 393.636 drachmes en 1891. La moyenne annuelle pendant cette période de sept ans a été de 361.547 drachmes.

Enfin, pour terminer cet inventaire rapide de la richesse nationale de la Grèce, disons que le dessèchement du lac Copaïs va bientôt livrer au défrichement 60.000 acres, dit-on, de terre excellente, en même temps que le percement de l'isthme de Corinthe augmentera les ressources du pays.

TROISIÈME PARTIE

LA SITUATION FINANCIÈRE

ET LES CAUSES DE LA CRISE ACTUELLE

L'examen de la situation *économique* de la Grèce, au point de vue agricole, industriel et commercial, laisse une impression favorable. Si on passe à l'étude de la situation financière, on ne tarde pas à s'apercevoir que celle-ci est rien moins que satisfaisante.

Le contraste signalé dès la première page de ce travail entre les progrès remarquables accomplis par le peuple hellène depuis son affranchissement et le désarroi insensé qui règne dans l'administration des deniers publics, frappe péniblement l'écrivain impartial et l'observateur attentif. Ils se demandent si les entraves apportées au magnifique développement de la richesse publique ont un caractère temporaire ou permanent ; ils se demandent si la Grèce, après un de ces temps d'arrêt qui marquent toujours les premiers pas d'un peuple jeune et récemment émancipé, ne reprendra pas sa place naturelle à la tête du mouvement de la civilisation en Orient.

Dans tous les cas, le devoir de ceux qui s'intéressent à l'avenir de la nation hellénique est de regarder en face la situation, — fermer les yeux n'écarte pas le danger, — et de poursuivre virilement, sans tergiverser, l'exécution du plan que leur aura suggéré un examen sincère et approfondi.

Ils verront que depuis l'inauguration de la politique emprunteuse et mégalomane, les contribuables se sont vu imposer des sacrifices hors de proportion avec leurs ressources et sans compensation avec leurs nouvelles charges.

Dans l'espace de douze ans, de 1875 à 1887, le poids de l'impôt sur le contribuable a été aggravé de plus de 91 0/0 et le montant de la Dette par tête d'habitant a été augmenté de plus de 144 0/0.

Je sais bien qu'il faut tenir compte des événements politiques de 1885-86, des dépenses occasionnées par la mobilisation et du désarroi qui s'en est suivi. Mais après cet effort considérable, dont personne ne songe à blâmer les gouvernants de cette époque, la Grèce devait se recueillir, se replier sur elle-même, alléger le poids de sa Dette et des charges de ses habitants, en un mot se préparer pour de nouvelles éventualités.

Au contraire, depuis 1887, le contribuable a été encore chargé d'environ 17 0/0 et le chiffre de la Dette par tête d'habitant a subi une augmentation de 64 0/0 !

Le tableau suivant permet de suivre la progression constante des charges fiscales et de la dette publique depuis l'arrivée aux affaires de M. Tricoupis, en 1881.

	1869	1875	1882	1887	1892	1893
Impôts	23.203.421	24.090.733	41.599.661	64.071.126	75.204.135	86.246.653
Population	1.457.894	1.589.642	2.029.046	2.131.201	2.267.267	2.289.945
Impôt par tête	15.22	15.16	20.50	30.06	33.16	37.63
Revenus budgétaires	30.115.241	30.968.418	58.873.144	82.558.592	89.288.592	101.534.772
Contribution par tête	20.65	20 »	29 »	28.26	39.47	44.34
Dette publique	137.719.833	163.602.113	331.133.906	525.090.620	720.188.644	823.252.581 (1)
Dette par tête d'habitant	94.50	102.75	163.19	246.35	317.65	363.20

(1) Sur l'état de la Dette générale tel qu'il m'a été fourni par M. Tricoupis, et tel qu'il a été fourni à M. Law, cette somme figure pour 818.467.339. Le tableau de la p. 58 est rectifié suivant les documents que M. Tricoupis m'a communiqués à la veille de sa chute ; on y trouvera le détail de la dette publique hellénique au 1er janvier 1893.

Ces données ne peuvent fournir un élément d'appréciation sérieux. Je les ai obtenues en suivant la méthode adoptée par M. Law, c'est-à-dire en comparant le total des impôts, des recettes budgétaires et du capital nominal de la Dette au chiffre de la population, mais je n'attache à ces divers résultats qu'une importance très relative.

Pour apprécier la charge supportée par le contribuable, il faut, en ce qui concerne l'impôt, examiner : d'une part, quelles sont les branches du revenu général de la nation qui sont grevées, et quelles sont les classes de la société qui sont frappées; d'autre part, à quel emploi (productif ou improductif) sont affectées les sommes prélevées par le Gouvernement sur les contribuables.

En ce qui concerne la Dette, il importe de connaître : les conditions auxquelles les emprunts qui la composent ont été contractés; le montant, l'échéance, le lieu et le mode de paiement des arrérages, annuités, coupons, etc..., et il est indispensable de rechercher l'influence de ces diverses circonstances sur l'équilibre budgétaire, le cours du change et la circulation monétaire du pays. En effet, le commerce international et toutes les relations intérieures sont profondément affectés par la rupture du premier, l'instabilité du second et la dépréciation de la troisième.

Je vais essayer de rassembler sous une forme succincte et condensée les éléments nécessaires pour apprécier aussi sainement que possible les charges supportées par le contribuable grec et la situation faite à la Grèce par l'énorme Dette qu'elle a contractée.

Le système fiscal.

Je ne veux pas me laisser entraîner dans des considérations à perte de vue sur le système fiscal de la Grèce. Dans tous les pays, les impôts ont de mauvais résultats. On ne peut pas dire qu'il y en ait un seul de bon ; suivant les circonstances ils sont plus ou moins nuisibles, voilà tout.

Malheureusement, en Grèce, les impôts les plus productifs sont des plus nuisibles; les impôts les moins préjudiciables n'y rapportent presque rien ; quant à ceux dont la science économique reconnaît la légitimité, on n'en trouve pas la moindre trace.

C'est dire que de longtemps on ne pourra discuter opportunément une réforme sérieuse de l'impôt.

L'impôt foncier, par exemple, n'existe pas.

Cependant, dans un pays comme la Grèce, le revenu des propriétaires fonciers augmente, sans travail de leur part, avec les progrès de la population et de l'industrie. Cette augmentation n'entre pour rien dans la formation du prix de revient des produits agricoles, — Ricardo et Stuart Mill, en Angleterre; Courcelle-Seneuil, en France, l'ont démontré. Évidemment, il n'est pas facile de constater dans le revenu du propriétaire la part qui provient d'améliorations et de perfectionnements agricoles, mais lorsque l'impôt foncier est renfermé dans une sage limite, il ne gêne personne.

En Grèce, il est remplacé par l'impôt sur les animaux de labour, l'impôt *ad valorem* sur l'huile produite, l'impôt sur les *quantités* de vin mis en cellier, plusieurs droits d'exportation (notamment sur les raisins de Corinthe) et l'impôt sur le bétail.

Ces divers impôts représentent, à eux seuls, 24 0/0 environ de toutes les taxes imposées au contribuable (y compris le produit des monopoles). Les droits d'importation en constituent au moins le tiers; les droits de timbre 12 0/0 et les monopoles sur les allumettes, le pétrole et le sel, environ 11 0/0.

L'impôt sur les animaux de labour a remplacé la dîme; on a évalué le rendement de la dîme pendant les cinq dernières années, et chaque année on divise la moyenne de ce rendement par le nombre des animaux de labour. Le chiffre le plus bas est 2.40 drachmes et le plus haut 30 drachmes.

Cet impôt grève la production agricole et empêche bien des améliorations; les droits d'exportation diminuent les profits des producteurs, augmentent le prix de revient des produits exportés et contribuent à rendre contraire la balance du commerce; les droits d'importation ont pour contre-coup de ralentir l'exportation et le mouvement des affaires, car il est impossible de ralentir les importations sans atteindre les exportations et réciproquement. Si de ces deux genres d'opérations, un seul rapporte les frais de transport, d'assurances, etc., il est bien évident que les prix courants s'élèvent et entravent le mouvement des affaires.

Un autre résultat des droits d'importation, c'est de contribuer à rendre la vie des classes laborieuses très coûteuse. Je dis « contribuer », parce que l'effet de tous les autres impôts que j'ai mentionnés est naturellement d'accroître le prix de revient des objets les plus nécessaires à la vie.

Il est, je crois, superflu d'insister sur ce point. D'autre part, quelques chiffres suffiront pour nous montrer que la perception de l'impôt vient aggraver ses inconvénients.

Une preuve que cet impôt est beaucoup trop lourd, même en se plaçant au point de vue purement fiscal, c'est que depuis l'augmentation de 20 0/0, établie en 1887, son rendement a fléchi considérablement.

En même temps, le chiffre des arriérés s'est accru dans une proportion effrayante. Jusqu'en 1887, on n'en parle pas. En 1887 on constate un arriéré de 468.377 drachmes ; en 1888, 538.359; en 1889, 546.700 ; en 1890, 532.017 drachmes.

En 1890 un dégrèvement intervient ; aussitôt en 1891 le rendement se relève de 1.560.215 à 1.699.326 drachmes ; et le montant des arriérés fléchit de 532.017 à 428.963 drachmes.

Il est bien évident que, dans ces conditions, le poids de l'impôt est exagéré jusqu'au point de tarir la matière imposable.

La taxe sur le bétail donne lieu aux mêmes observations ; il en est de même pour les impôts que j'ai mentionnés plus haut.

Cependant M. Law, après avoir constaté les effets désastreux de l'augmentation, dit : « Dans tous les cas il est certain que même si l'imposition n'a pas été toujours et partout établie de la manière la plus judicieuse, le pays pris dans son ensemble n'est pas maintenant lourdement chargé. » Là-dessus M. Law divise le produit total des impôts par le chiffre de la population ; il en fait autant pour l'Italie et pour l'Angleterre et il passe tranquillement à d'autres exercices, persuadé que la Grèce n'est pas trop chargée !

Il suffit de jeter un coup d'œil sur les tableaux qu'il a lui-même dressés pour se convaincre du contraire. Si les recettes ont été accrues bon gré, mal gré, il y a des moins-values persistantes sur les animaux de labeur et le bétail, l'huile et le vin ; — le rendement des droits d'exportation, du pétrole et du sel est à peu près stationnaire.

D'ailleurs, il est facile de voir que certaines augmentations de recettes ont été inférieures à l'augmentation proportionnelle de la surcharge ; la différence entre les évaluations budgétaires et les recettes perçues effectivement suffit pour mettre en éveil l'écrivain impartial (Voir le tableau de la page 53).

Voici dans quels termes M. Sotiropoulo, l'honorable président du Conseil des ministres actuel, reprochait, en 1890, à M. Tricoupis cette surcharge d'impôts, qui pèse aujourd'hui si lourdement sur les contribuables :

« Le peuple a été donc taxé de plus de 100 0/0 dans l'espace de dix ans. Ce fait est d'autant plus grave que cette augmentation de recettes n'est pas la conséquence d'un développement de la production nationale et de nos échanges avec l'extérieur, mais des lourdes impositions auxquelles le peuple a été soumis sans protester. La production nationale a, au contraire, subi une sensible diminution, car en comparant, sans tenir compte de nouvelles charges créées depuis 1882 jusqu'à présent, le rendement des anciens impôts avec ce qu'ils produisent aujourd'hui, nous constatons une notable diminution.

» La saignée pratiquée sur les classes productives de la nation, dont les revenus ne font que décroître, est donc une des principales causes de la crise actuelle. La conséquence se manifeste tous les jours dans les nombreuses faillites de maisons jusque-là prospères, dans l'augmentation effrayante du taux de l'intérêt, surtout dans les départements, plus effrayante encore dans la dépréciation des propriétés immobilières, qui ne trouvent aujourd'hui acquéreurs même au-dessous de la moitié de leur valeur antérieure. »

D'ailleurs, toutes les comparaisons arbitraires et les affirmations gratuites de M. Law s'effacent devant un fait brutal : la vie de gêne et de privations menée par les classes populaires.

Les impôts les plus productifs pour le Trésor, nous l'avons vu, pèsent surtout sur ces classes, et le fardeau est aggravé par cette circonstance qu'ils pèsent sur un nombre restreint de travailleurs.

En effet, en Grèce, les femmes ne travaillent pas comme en France, par exemple, dans les villes et les campagnes. Si on déduit de la population mâle, 31.000 personnes exerçant des professions dites libérales, 12.000 fonctionnaires au moins, 10.000 prêtres et 27.000 soldats, on verra que le poids retombe principalement sur 665.000 personnes dans lesquelles on trouve encore 314.000 agriculteurs propriétaires et tous les domestiques.

Quant aux impôts de consommation qui constituent la majeure partie des recettes, ils pèsent, comme partout, surtout sur les classes indigentes.

La charge est encore aggravée par l'inégalité et l'arbitraire.

L'inégalité règne de province à province comme de particulier à particulier, et l'arbitraire se donne librement carrière. Les uns ne paient pas l'impôt; les autres sont taillables et corvéables à merci. Le Trésor lui-même en souffre et il faut que le fléau soit notoire pour que M. Law lui-même l'ait constaté (V. p. 29 de son rapport).

Enfin, le mal est aggravé par la dépréciation de la monnaie fiduciaire qui contribue à surenchérir les objets de première nécessité, trouble les contrats, affecte toutes les relations à l'intérieur et le commerce avec l'étranger.

Les faillites se succèdent avec rapidité, les affaires sont enrayées, le loyer des capitaux a atteint un prix exorbitant et la propriété immobilière se déprécie.

Les impôts étant, pour la plupart, payés en papier-monnaie, la dépréciation de ce dernier diminue les recettes effectives du Trésor, donne lieu à des déficits permanents, dont le tableau suivant nous donne le développement depuis 1861 jusqu'à 1893 :

RECETTES ET DÉPENSES BUDGÉTAIRES DEPUIS 1861 A 1893

ANNÉES	RECETTES	DÉPENSES	IMPORTANCE DU SERVICE DE LA DETTE compris dans les dépenses	DÉFICITS ÉVALUÉS	EXCÉDENTS PROMIS	DÉFICITS RÉELS CONSTATÉS	OBSERVATIONS
1861	24.996.762	25.037.487	1.282.366	141.725	—	—	
1862	24.996.762	24.785.797	1.282.366	—	210.965	—	
1863	21.763.825	24.139.043	1.912.366	2.375.218	—	—	
1864	23.348.685	22.233.118	2.302.366	—	1.015.567	—	
1865	26.972.913	27.559.834	2.887.366	586.921	—	—	
1866	28.337.600	27.192.859	3.043.686	—	1.144.761	—	
1867	32.292.335	28.373.389	2.950.870	—	3.918.946	—	
1868	33.508.000	32.990.123	4.384.870	—	517.877	—	
1869	37.620.200	34.605.254	4.913.070	—	3.014.946	—	
1870	34.103.000	34.088.197	6.609.870	—	14.903	—	
1871	33.991.000	34.498.262	7.714.860	507.262	—	—	
1872	35.695.357	37.889.853	8.497.290	2.194.496	—	—	
1873	35.757.000	35.929.035	7.644.157	172.035	—	—	
1874	37.400.000	41.722.401	7.777.650	4.322.401	—	—	
1875	35.239.200	39.062.195	7.736.832	3.822.995	—	—	
1876	38.826.800	39.063.841	7.693.499	237,041	—	—	
1877	39.247.500	41.067.825	8.533.749	1.820.325	—	—	
1878	42.789.970	41.132.951	9.139.939	—	1.657.019	—	
1879	45.808.442	60.078.760	17.328.888	14.270.318	—	—	
1880	46.716.857	52.655.454	14.215.070	5.938.597	—	—	
1881	49.051.560	124.155.139	21.023.000	75.103.579	—	—	
1882	68.621.542	80.436.069	23.197.176	11.815.527	—	—	
1883	72.133.610	72.011.648	21.912.814	—	121.962	9.250.312	D'après MM. Delyannis et Eutaxias, non démentis par M. Tricoupis.
1884	86.122.950	85.814.598	24.109.293	—	308.352	30.602.146	
1885	74.006.586	85.497.005	30.384.666	1.490.419	—	28.443.944	
1886	88.324.068	89.074.634	33.062.298	750.566	—	28.145.573	
1887	94.656 907	94.269.188	38.403.856	—	387.719	15.781.509	
1888	95.306.231	92.677.585	37.464.249	—	2.628.646	23.931.894	
1889	96.449.453	95.974.420	38.663.636	—	475.033	27.485.180	
1890	93.543.365	91.258.840	29.587.219	—	1.284.525	18.313.121	
1891	96.541.462	100.411.479	36.288.587	3.870.017	—	15.362.792	
1892	103.550.792	99.986.128	33.516.566	—	4.564.564	21.200.000	

Malgré les progrès notables que la Grèce a faits jusqu'à présent, elle est malheureusement au régime des déficits chroniques, comme on le voit sur le tableau qui précède; et le déficit budgétaire aggrave naturellement la dépréciation de la circulation monétaire; d'un autre côté, la dépréciation de l'instrument des échanges augmente sans cesse le déficit budgétaire et empire la situation générale du pays. Les deux maux se tiennent donc étroitement.

Si encore les sommes énormes prélevées sur le contribuable avaient été dépensées productivement! « Les services individuels, dit Courcelle-Seneuil, sont privés d'une rémunération égale au montant de l'impôt; donc, le résultat de l'impôt doit être pour eux un allégement... » On y arrive, par exemple, en améliorant les moyens de communication, en rendant plus exactement la justice, en assurant davantage la sécurité des personnes et le respect des contrats, etc...

Que fait-on en Grèce du produit de l'impôt?

Depuis 1887, un coup d'œil jeté sur le tableau des dépenses montre que le budget de la guerre et celui de la Dette absorbent, à eux seuls, chaque année, plus de 50 0/0 de la dépense totale.

Pour les mines, les postes et télégraphes et les routes, la dépense annuelle varie en tout de 9 à 11 0/0 environ.

Le reste de la dépense sert à couvrir les dépenses des différents services administratifs. Pour se faire une idée des services qu'ils rendent au contribuable et pour apprécier le poids de la charge supporté par ce dernier, il suffit de citer deux passages du discours de M. Constantopoulo sur le budget de 1893:

« Lorsque le nombre des crimes a pris de si grandes proportions, et surtout des crimes contre la vie, lorsque le nombre des contumaces a augmenté par milliers, lorsque des bandes de brigands cachés dans plusieurs points du royaume attendent le moment opportun pour reprendre leur hideuse besogne, peut-on soutenir que dans cet État, *la vie, l'honneur, les biens* sont protégés?... »

« Peut-on nier que notre Cour suprême est en arrière de plusieurs années dans la distribution de la justice?... Peut-on nier que notre justice pénale surtout en est pour ainsi dire arrivée à une pleine suspension de la justice? La Chambre ignore-t-elle que plus de cent mille dossiers moisissent dans les bureaux des juges d'instruction et dans les parquets, provoquant de la part du Procureur du roi un choix dicté par l'esprit et l'intérêt de parti ? »

Dans cette Chambre où les apostrophes véhémentes et les ripostes mordantes se succèdent sans interruption, pas une voix ne s'est élevée pour protester. D'ailleurs, le fait est notoire, les gouvernants grecs ne se sont pas acquittés de leur premier devoir vis-à-vis des gouvernés : assurer à ces derniers la sécurité et la justice.

Il en résulte que, toutes choses égales d'ailleurs, l'impôt pèse plus lourdement sur le contribuable grec que sur un autre contribuable vivant dans un pays où la justice et la sécurité sont assurées.

Si nous comparons les tarifs de deux Compagnies d'assurances dont la première, en cas de sinistre, paie sans rechigner l'indemnité stipulée et dont la seconde s'y refuse ou ne se décide à en verser une faible partie qu'après mille lenteurs, mille tergiversations, M. de la Palice lui-même vous dirait que les tarifs de la seconde sont plus chers que ceux de la première.

Je n'ai pas parlé des chemins de fer parce que leurs dépenses ont été couvertes au moyen d'emprunts.

La question de savoir si les avantages qui résultent de leur construction sont proportionnés avec ce qu'ils ont coûté nécessite la connaissance des conditions dans lesquelles les emprunts ont été contractés et de l'influence exercée par les charges qu'ils entraînent sur la situation financière et économique du pays.

Le moment est venu de nous livrer à cette étude.

Mais, avant d'aborder l'examen de la Dette publique, il importe de faire observer que c'est une grosse erreur de croire que les travaux publics soit productifs dans toutes les circonstances, quand ils ne sont pas proportionnés à l'état de richesse, de population et de développement du pays.

D'un autre côté, les grands travaux publics, entrepris systématiquement par l'État au moyen d'emprunts, diminuent ou même suppriment l'initiative privée.

On peut citer l'exemple de l'Angleterre qu'il serait utile de suivre, car nulle part l'outillage collectif n'a atteint un plus grand développement : le pays doit aux particuliers ou bien aux associations, non seulement ses chemins de fer, mais ses canaux et même ses docks.

La Dette publique.

J'ai déjà dit que la comparaison du capital nominal de la Dette d'un pays au chiffre de sa population ne pouvait donner une idée, même approximative, de son importance relative. Certes il ne faut pas perdre de vue ce capital nominal quand on doit tenir compte de la possibilité d'un remboursement, mais comme le but de ce travail est uniquement pratique, il me paraît superflu à l'heure actuelle d'envisager plus longtemps cette hypothèse. Quant à l'influence exercée sur le crédit public par le montant nominal de la Dette, j'attendrai pour m'en occuper d'avoir établi ce montant nominal.

L'essentiel est de déterminer les charges qui résultent des arrérages, annuités, coupons, etc., que la Grèce a jusqu'ici payés ponctuellement et de les comparer avec les ressources du pays.

On peut, par exemple, comme l'a fait M. Dudley-Baxter, comparer les charges annuelles avec le revenu général des habitants.

Ce chiffre est, d'après les évaluations de M. Soutzo, professeur d'économie politique à l'Université d'Athènes, de 500 millions de drachmes environ, et d'après d'autres économistes il atteint 600 millions. Si nous adoptons le chiffre moyen de 550 millions, nous trouvons que le prélèvement effectué sur le revenu général des habitants pour assurer le service de la Dette nationale dépasserait, en Grèce, 10 0/0.

Or, en Angleterre, ce prélèvement serait inférieur à 2 1/2 0/0, et, en France, il serait de 5 à 6 0/0.

Mais cette méthode est incertaine et elle aboutit à de simples conjectures.

Les économistes et les financiers s'accordent à reconnaître que la meilleure méthode pour apprécier le poids relatif de la Dette et la facilité plus ou moins grande avec laquelle un pays peut remplir ses engagements, est de comparer les prélèvements effectués sur les *recettes budgétaires* par le service annuel de la Dette. Evidemment cette facilité sera d'autant plus grande que la quote-part du service de la Dette sera moins élevée.

D'après M. Law, délégué du gouvernement anglais, le service de la Dette publique nécessite, en Grèce, pour l'année 1893, la

ÉTAT DE LA DETTE PUBLIQUE DE LA GRÈCE AU 1er JANVIER 1893

DÉSIGNATION DES EMPRUNTS	DATE de l'émission	COURS de l'émission	COURS nominal	CAPITAL en billets de banque effectif	CAPITAL en billets de banque nominal	CAPITAL en or effectif	CAPITAL en or nominal	INTÉRÊT	AMORTISSEMENT	ANNÉE de remboursement	EMPRUNTS remboursés en billets de banque	EMPRUNTS CONVERTIS EN RENTE de billets de banque : rentes	EMPRUNTS CONVERTIS : intérêt annuel	CAPITAL DÛ en billets de banque	CAPITAL DÛ en or	GARANTIES
A. — Emprunts amortissables.																
1 Emprunt des trois puissances	1833	»	»	»	»	100.392.833	100.392.833	»	»	»	»	»	»	»	72.540.011	Le tiers des recettes de la douane de Syra.
2 Dettes envers le roi Othon	1868	»	»	4.500.000	4.500.000	»	»	4	0,45	»	»	»	»	2.336.476	»	Sans garantie.
3 Emprunt 120.000.000	1881	273	500	»	»	89.520.000	120.000.000	5	0,50	1921	»	»	»	»	104.370.000	La taxe sur le tabac, les excédents de diverses douanes, etc., etc.
4 — 170.000.000 (réduit à 100.000.000)	1884	316.5	500	»	»	60.785.183	100.000.000	5	0,80	1924	»	»	»	»	90.341.000	Les excédents de diverses douanes, du revenu du timbre, etc.
5 — patriotique	1886	10	10	2.723.860	2.723.860	»	»	»	»	»	»	»	»	2.536.050	»	Le produit de vente de l'Hinéri.
6 — 135.000.000	1888	337	500	»	»	90.990.000	135.000.000	4	0,80	1962	»	»	»	»	133.405.000	Les revenus des monopoles : sel, pétrole, cartes à jouer, etc.
7 — 15.000.000	1888	333	500	9.990.000	15.000.000	»	»	4	0,80	»	»	»	»	14.853.000	»	Le tiers des recettes de la douane de Syra.
8 Chemins de fer du Pirée-Larissa	1890	445	500	»	»	40.050.000	45.000.000	5	»	1980	»	»	»	»	59.905.030	Les chemins de fer en première hypothèque.
— — —	1890	430	500	»	»	12.900.000	15.000.000									
9 — 16.500.000	1892	333.3	500	»	»	10.998.900	16.500.000	4	»	1917	»	»	»	»	16.305.000	La taxe sur les Sociétés anonymes, etc., etc.
B. — Emprunts amortissables convertis en rentes perpétuelles.																
10 Emprunt 26.000.000	1875	405	500	21.000.000	26.000.000	»	»	6	0,50	1918	2.906.800	20.393.800	5	21.189.700(1)	»	Les recettes de différentes douanes.
11 — 10.000.000	1877	197	250	5.870.970	7.448.000	»	»	6	0,50	1920	5.008.800	886.250	5		»	
12 — pour les routes	1882	»	»	17.857.145	17.857.145	»	»	6.75	1	»	15.983.319	1.758.867	5.5	1.708.856	»	Sans garantie.
13 — 9.000.000 de drachmes	1881	500	500	9.000.000	9.000.000	»	»	7	»	»	»	5.900.000	5.5	8.900.000	»	—
C. — Rentes perpétuelles.																
14 Emprunt £ 1.200.000 ou fr. 30.000.000	1889	340	500	»	»	20.435.000	30.000.000	4	»	»	»	»	»	»	30.000.000	—
15 — £ 5.000.000 ou fr. 125.000.000	1889	360	500	»	»	90.037.500	125.000.000	4	»	»	»	»	»	»	125.000.000	—
D. — Dette flottante.																
1 Bons du Trésor en billets de banque	1864	»	»	12.335.931	12.335.931	»	»	5	»	»	»	»	»	12.335.931	»	—
2 Emprunt au cours forcé Banque nationale	1885-87	»	»	70.994.240	70.994.240	13.909.906	13.909.906	1	»	»	»	»	»	70.994.240	13.909.906	—
3 — — — Ionienne	1885	»	»	1.884.307	1.884.307	2.010.028	2.010.028	1	»	»	»	»	»	1.884.307	2.010.028	—
4 — — — Épire-Thessalie	1885	»	»	905.573	905.573	804.000	804.000	1	»	»	»	»	»	905.573	804.000	—
5 — en petites coupures de 1 à 2 drachmes	1885	»	»	14.000.000	14.000.000	»	»	1	»	»	»	»	»	14.000.000	»	—
6 — provisoire 5.815.000	1892	»	»	»	»	5.815.000	5.815.000	6	»	Mai 1893	»	»	»	»	5.815.000	Sur nantissement d'obligations de l'emprunt Pirée-Larissa.
7 — — fr. 700.000	»	»	»	»	»	700.000	700.000	6	»	Janv. 1893	»	»	»	»	700.000	—
8 — — fr. 703.000	»	»	»	»	»	703.000	703.000	6	»	Nov. 1892	»	»	»	»	703.000	—
9 — — £ 64.050	»	»	»	»	»	1.615.500	1.615.500	6	»	Mars 1893	»	»	»	»	1.615.500	—
10 — — [illegible]	»	»	»	»	»	3.000.000	3.000.000	5	»	— —	»	»	»	»	3.000.000	Sans garantie.
11 — — 40.000	»	»	»	»	»	1.000.000	1.000.000	5.75	»	Août 1893	»	»	»	»	1.000.000	Sur nantissement d'obligations de l'emprunt Pirée-Larissa.
12 — — 64.000	»	»	»	»	»	1.600.000	1.600.000	5.75	»	—	»	»	»	»	1.600.000	—
13 — — 35.000	»	»	»	»	»	875.000	875.000	5.75	»	— —	»	»	»	»	875.000	—
14 — — 7.300.000	»	»	»	»	»	7.300.000	7.300.000	7	»	Juin 1893	»	»	»	»	7.300.000	—
														181.716.133	574.994.445	

E. — Emprunts entièrement remboursés	DATE	SOLDES EN CIRCULATION
1 Emprunt 6.000.000	1863	53.777
2 — 25.000.000	1864	22.330
3 — 4.000.000	1872	734
4 — 1824-1825	1879	4.935
5 — 60.000.000	1879	122.842
		205.618

Ensemble	823.010.578
Les sommes en circulation dues des emprunts, remboursées	205.618
— l'emprunt de 10 millions consolidé	36.385
TOTAL de la dette générale au 31 décembre 1892	823.252.581

(1) Dû au roi Othon, mais en circulation un solde de 36.385 drachmes.

somme de. . . . . Fr. 35.329.514 en or.

Au moment où nous mettons sous presse le change étant à 160, il faut ajouter à cette somme 21.198.500

Soit un total de drachmes. . Fr. 56.528.014

ou **56 0/0** de recettes prévues pour 1893, en supposant que le change resterait invariable si le gouvernement grec essayait d'acheter de l'or à l'intérieur avec ses ressources budgétaires seulement et sans recourir à de nouveaux emprunts. En réalité, si le gouvernement tentait d'acheter, non pas 35 millions d'or, mais seulement la moitié de cette somme, on verrait le change dépasser le cours de 300 et absorber par suite la totalité des ressources budgétaires de la Grèce.

Le change n'a pas, jusqu'ici, dépassé le cours de 185, parce que le service des emprunts a été constamment assuré au moyen de nouveaux emprunts contractés à l'étranger et que leur reliquat en or est entré chaque fois dans les caisses du Trésor, comme nous le verrons plus loin.

En admettant même que la Grèce ferait le service de sa Dette sans emprunter, la Dette publique absorberait **56 0/0** des recettes budgétaires, tandis que cette quote-part dépasse légèrement, en Roumanie, 35 0/0 ; en Serbie, 34 0/0, et en Bulgarie, 15,5 0/0 ! Je choisis à dessein les pays placés dans des conditions analogues à celles dans lesquelles se trouve la Grèce. En Angleterre, le service de la Dette nécessite un prélèvement inférieur à 28 0/0 sur les recettes budgétaires. En France, la proportion est de 40 0/0 environ et on m'accordera que les désastres de 1870 ont dû y laisser des traces plus profondes que la mobilisation de 1885-86 en Grèce.

Cette comparaison suffit pour montrer l'exagération de la Dette hellénique. Mais elle ne peut donner une idée suffisamment exacte de la charge imposée à la nation. La plupart des emprunts grecs ont été contractés sous prétexte d'entreprendre des travaux publics destinés à doter le pays de l'outillage nécessaire pour lui permettre d'exploiter ses richesses naturelles. Il faut savoir dans quelle mesure les sommes qu'ils ont produites ont été affectées à cet usage. *(Voir le tableau ci-intercalé.)*

Cet état dressé avec les documents qui m'ont été fournis par M. Tricoupis, — les mêmes qui ont été fournis à M. Law, — nécessite quelques explications et plusieurs rectifications.

Le chiffre de la Dette totale s'élève, comme on le voit, à 823.252.581 francs, somme de beaucoup supérieure au total présenté par M. Law.

Je prie le lecteur qui s'est contenté de consulter le tableau indicatif de la Dette dressé par M. Law (E. I.) de ne pas se hâter de crier à l'exagération. Dans ce tableau, M. Law a oublié de faire figurer le montant de la dette résultant de l'emprunt dit des Trois Puissances contracté en 1833 et autres 60.000 £ au chapitre de la « Dette flottante ». Le premier oubli est d'autant plus étonnant que dans son tableau (E. II.) le délégué anglais a fidèlement transcrit le chiffre de 900.000 francs représentant les charges annuelles qui résultent de cet emprunt.

Il est vrai que, page 14 et tableau F III, une petite note perdue au milieu des autres nous apprend que M. Law n'a pas jugé à propos de comprendre le capital encore dû de l'emprunt des Trois Puissances dans le chiffre général de la Dette, parce que « le montant exact de ce capital ne lui paraît pas clairement déterminé. » Comme il s'agit de la modeste somme de 72.546.011 francs, nous trouvons que cette omission peut difficilement rentrer dans la catégorie de ces « écarts peu importants en eux-mêmes » dont le délégué anglais s'est excusé à l'avance, dans sa lettre-préface à M. Egerton.

Enfin, peu importe. La Dette est malheureusement plus élevée que M. Law ne se le figurait.

Du reste, il n'est pas étonnant que des divergences se produisent à ce sujet, étant donnée la singulière comptabilité financière inaugurée par M. Tricoupis. Ce dernier s'est attaché à entretenir sans cesse une confusion regrettable entre la Dette consolidée et la Dette flottante. Les budgets confectionnés par ses soins ont été obscurcis par les enchevêtrements et les enjambements d'un exercice sur le suivant; de plus, l'énormité des crédits supplémentaires leur a ôté toute fixité. M. Tricoupis, pressé par M. Eutaxias de fournir aux députés un état détaillé de la Dette publique, a trouvé le moyen de fournir, au cours d'une session seulement, quatre états différents faisant ressortir, rien que pour la dette consolidée et amortissable, des écarts de plusieurs millions!

Il faut croire que son contact a été funeste à M. Law, car sans parler de la singulière omission des 73 millions de l'emprunt des Trois Puissances et des 60.000 £, le délégué anglais n'a pas soufflé mot des critiques adressées à M. Tricoupis par les chefs les plus éminents de l'opposition au sujet de l'emprunt du chemin de fer « Pirée-Larissa » pour ne citer que celui-là.

D'après M. Tricoupis, l'emprunt « Pirée-Larissa » a été émis en deux fois : 1° en mai 1890, au taux de 445 ; 2° en décembre 1890, au taux de 430. La première émission aurait, toujours d'après M. Tricoupis, produit 40.050.000 francs ; la seconde, 12.900.000 francs, le tout représentant un capital nominal de 60 millions de francs à 5 0/0.

Cependant, sur le même tableau reproduit par M. Law et base de celui que j'ai dressé page 57, nous voyons dans la colonne « garanties » au chapitre de la Dette flottante, que le gouvernement grec a emprunté provisoirement en 1892, plus de douze millions SUR NANTISSEMENT D'OBLIGATIONS DU « PIRÉE-LARISSA ».

Si le gouvernement a émis en 1890 pour 60 millions de ces titres et payé, de ce chef, de fortes commissions à ses « entrepreneurs de prêts » ordinaires, comment se fait-il qu'il ait encore en 1892 assez de ces mêmes titres pour les donner en nantissement contre de nouveaux emprunts, suivis de nouvelles commissions ?

C'est là encore « une de ces contradictions peu importantes en elles-mêmes » sur lesquelles M. Tricoupis et M. Law après lui, aiment tant à « glisser » !

Ainsi donc, malgré les rectifications que nous y avons déjà apportées, le tableau que nous avons publié page 57 ne peut encore nous renseigner exactement sur le produit réel de certains emprunts !

Il est cependant indispensable de se faire une idée aussi juste que possible du produit net et des affectations spéciales des différents emprunts, surtout de ceux qui ont été contractés à l'étranger. J'emprunte à une intéressante étude publiée par M. Yannopoulo, rédacteur en chef de l'*Éphéméris*, l'état indicatif suivant :

Époques des émissions	Emprunts		Intérêt sur capital nominal
1879..............Fr.	60.000.000		6 0/0
1880................	120.000.000		5 »
1884................	(170.000.000) 100.000.000		5 »
1887................	135.000.000		4 »
1887................	30.000.000	(cons.)	4 »
1889................	125.000.000	(»)	4 »
1890................	60.000.000	(P. L.)	5 »
	630.000.000		

Mais ce n'est pas là ce qu'ils ont produit, ces emprunts, ni ce qu'ils ont coûté ; l'état suivant le démontre :

Époques	Produit net de chaque emprunt	Intérêt réel
1879..............Fr.	44.000.000	8.19 0/0
1880................	89.500.000	7.35 »
1884................	69.786.000	7.16 »
1887................	90.900.000	6 » »
1887................	20.436.000	6 » »
1889................	91.000.000	5.50 »
1890................	53.000.000	5.70 »
	458.622.000	

Voyons maintenant comment ces sommes ont été employées.

Époques	Sommes affectées au service de la dette et à d'autres engagements du gouvernement à l'étranger pour fournitures de cuirassés, etc.	Reliquat des emprunts, entrées en or dans les caisses du Trésor public
1879..........Fr.	24.000.000	20.000.000
1880.............	59.500.000	30.000.000
1884.............	35.786.000	34.000.000
1887.............	90.900.000	»
1887.............	20.436.000	»
1889.............	91.000.000	»
1890.............	38.000.000	15.000.000
	359.622.000	99.000.000

Tout d'abord il est bon de faire quelques réserves sur le chiffre représentant le produit net de tous ces emprunts.

En effet, des 458 millions, il faudrait retrancher :

1° La valeur des obligations restées entre les mains du gouvernement et portées par M. Tricoupis comme entièrement placées ;

2° Au moins 25 millions payés aux banquiers-entrepreneurs de prêts, sous forme de commissions, courtages, provisions, etc., etc... ;

3° Une somme de 800.000 francs dont M. Tricoupis n'a jamais expliqué l'emploi et sur laquelle il persiste à garder un morne silence ;

4° Une somme de plus de 400.000 francs qui s'est évaporée, on n'a jamais su comment, entre l'ancien Comptoir d'Escompte (à Paris) et Athènes ;

5° 55.200.000 francs provenant de l'emprunt de 125 millions conclu en 1889. Cette somme a été affectée au remboursement du restant de l'emprunt de 60 millions de 1879.

Ces prudentes réserves formulées au sujet du produit net des différents emprunts contractés à l'étranger, il nous reste à examiner de plus près leur affectation. Cette fois, nous prendrons de nouveau pour guide M. Yannopoulo. Voici ses conclusions :

1° 44.000.000 produit de l'emprunt 60 millions :
- 24.000.000 affectés à différents besoins de l'État pour les années 1878-1880 ;
- 20.000.000 rentrés dans les caisses du Trésor, en or.

2° 89.000.000 produit de l'emprunt 120 millions :
- 15.000.000 employés en règlements d'avances provisoires ;
- 44.000.000 pour achat de matériel de guerre ;
- 30.000.000 rentrés dans les caisses du Trésor.

3° 69.786.000 produit de l'emprunt 170 millions :
- 35.786.000 ont été absorbés à l'étranger par divers besoins de l'État ;
- 34.000.000 rentrés dans le pays et versés aux banques privilégiées pour le retrait du cours forcé.

4° 90.900.000 produit de l'emprunt 135 millions :
- Rien n'est entré dans le pays :
- 26.000.000 ont servi à l'achat de trois cuirassés ;

13.000.000 ont servi au paiement de coupons.
51.500.000 ont servi pour rembourser d'autres dettes antérieures ;
400.000 se sont évaporés entre l'ancien Comptoir d'Escompte et Athènes.

5° 20.436.000 produit de l'emprunt 30 millions :
Il a été affecté en totalité au service de la dette publique.

6° 91.000.000 produit de l'emprunt 125 millions :
55.200.000 affectés au remboursement du restant de l'emprunt 60 millions ;
24.000.000 à l'emprunt Myli-Calamata ;
3.800.000 pour l'emprunt Messolonghi-Agrini;
8.000.000 ont servi au paiement de coupons.

7° 53.000.000 produit de l'emprunt 60 millions, Pirée-Larissa :
38.000.000 ont servi au paiement de coupons et à d'autres besoins de l'État à l'étranger.
15.000.000 sont rentrés dans les caisses du Trésor.

De tout ce qui précède, il résulte que sur le produit *présumé* net (chiffre rond), de . . . . Fr. 458.000.000
la Grèce ayant remboursé le reste de l'emprunt de 1879, 55 millions, et payé 25 millions en commissions, etc 80.000.000
doit pour emprunts extérieurs, depuis 1879, capital effectif 378.000.000

Il en résulte aussi que, depuis 1879, la Grèce a régulièrement payé jusqu'à présent :

389.157.318 francs en intérêts et amortissements ;
15.000.000 }
51.500.000 } pour rembourser les dettes antérieures ;
55.200.000 }
100 000.000 au bas mot, de cuirassés, matériel de guerre, etc.;
120.000.000 au moins pour construction de routes, chemins de fer et autres travaux publics ;
25.000.000 de commissions, remises, courtages, pertes causées par les différences de change, etc.;
755.000.000 en chiffres ronds.

Soit, en déduisant les 325 millions qui représentent le déficit approximatif des budgets grecs depuis 1879, une somme totale de **430 millions,** en chiffres ronds, représente les dépenses *extraordinaires* du gouvernement grec et le total des sommes prélevées sur le contribuable, sans compter celles qui ont été affectées à des dépenses ordinaires.

Il résulte enfin des données précédentes que la Grèce a payé depuis 1879, en intérêts et annuités (chiffre rond) (Voir page 53). . . . . Fr. 389.000.000

En d'autres termes, dans l'espace de treize ans, la Grèce a payé en intérêts, annuités, etc., des SOMMES SUPÉRIEURES A CELLES QU'ELLE A EFFECTIVEMENT REÇUES.

Il importe d'avoir désormais présente à l'esprit cette importante constatation.

Nous avons maintenant tous les éléments nécessaires pour apprécier la situation faite à la Grèce par l'énorme dette qu'elle a contractée. Il ne nous reste plus qu'à les condenser.

L'état des affectations diverses reçues par les sommes *empruntées à l'étranger* et *effectivement perçues* nous montre qu'à partir de 1887, les emprunts ont surtout servi à payer les arrérages des emprunts extérieurs. Une mince partie seulement de toutes ces sommes a été employée en travaux publics, et ces travaux n'ont pas beaucoup développé les ressources du pays.

« Que nous a-t-on donné en retour ? s'est écrié M. Carapanos, lors de la discussion du budget de 1893. La boiteuse voie ferrée Missolonghi-Agrinion, les chemins de fer inachevés de Myli-Calamata et de Diacophto-Calavryta, dont l'achèvement est une des charges du Trésor, le commencement du chemin de fer « Pirée-Larissa », un des plus grands embarras de l'État, et les trois cuirassés dont l'entretien pèse lourdement sur nos finances. Nous avons affecté aussi 35 millions de drachmes environ pour amortir des dettes intérieures dont le service se faisait avec la monnaie ayant cours dans le pays. Je ne crois pas, Messieurs, que l'on puisse comparer ces acquisitions aux charges qu'a imposées au pays l'accroissement désordonné de la Dette publique. »

Et personne ne s'est levé pour interrompre l'ancien ministre des finances, ni pour protester contre ses affirmations.

Ainsi donc au fur et à mesure que le service de la dette *à l'extérieur* nécessitait des sommes de plus en plus considérables, son poids devenait de plus en plus lourd, car l'exagération des impôts affectait, comme nous l'avons vu plus haut, leur rendement et diminuait les ressources du Trésor.

La difficulté de se procurer de l'or ou de convertir en or la monnaie du pays, déjà grande dans un pays neuf et dépourvu de capitaux, était chaque fois aggravée par le seul fait que le développement de la richesse du pays et de ses relations extérieures était insuffisant pour remplacer les capitaux retirés de la circulation.

La gêne qui résultait du drainage de l'or se répercutait naturellement, comme j'ai eu occasion de le dire plus haut, sur le taux des changes étrangers, et elle était accrue par l'exiguïté du marché. « En effet, le gouvernement n'avait aucun moyen d'exercer sur ce marché la moindre influence. Lorsque le gouvernement est dans la nécessité de se procurer de l'or, ses besoins sont toujours connus d'avance et exagérés, et une demi-douzaine de spéculateurs peuvent peser arbitrairement sur les cours et saisir les occasions les plus légères pour mener le marché à leur profit et au préjudice du gouvernement. »

C'est à M. Law, peu suspect de parti pris contre la spéculation et les spéculateurs, que j'emprunte cette citation.

Naturellement, une fois l'instabilité des changes déchaînée, le mouvement des affaires avec l'extérieur ne pouvait guère s'étendre, et cependant cette extension était indispensable pour ramener dans le pays de l'or que de nouvelles remises de plus en plus considérables rendaient de plus en plus nécessaire.

Bref, plus MM. Tricoupis et Delyannis avaient besoin d'argent, moins il leur était facile d'en trouver.

Le régime du cours forcé.

Il n'y avait qu'un moyen de sortir de cette situation inextricable : cesser d'emprunter. La politique de ces messieurs à l'intérieur s'y opposait. Et cependant il fallait de l'argent. L'établissement du cours forcé se présenta forcément à leur esprit, et malgré leurs tentatives pour retirer à plusieurs reprises du papier-monnaie, malgré la modération relative de leurs émissions, les effets habituels de ce régime désastreux vinrent aggraver la situation financière déjà fort compromise.

Les importations encouragées au début par l'élévation des prix ont dépassé de plus belle les exportations, et l'incertitude, la défiance des commerçants étrangers ont contribué à accentuer la tendance de la balance commerciale à devenir défavorable à la Grèce. A l'intérieur, toutes ces causes réunies ont fait hausser le prix des objets de consommation et restreint la consommation et la production en même temps que le renchérissement de la vie matérielle augmentait les exigences de la main-d'œuvre.

La hausse factice des salaires s'est produite beaucoup plus lentement que celle des objets de première nécessité et dans une proportion moindre, car le travail s'est arrêté par suite de l'inquiétude éprouvée par les détenteurs de capitaux et de l'élévation du taux de l'intérêt.

En ce qui concerne le Trésor, au début, les ressources métalliques entrées dans ses caisses lui ont procuré un soulagement immédiat. Mais, au fur et à mesure, ses rentrées ont été affectées, nous l'avons vu, par l'exagération des impôts et surtout par la dépréciation du papier-monnaie, dépréciation à laquelle on ne connaît pas de limites, car elle dépend beaucoup moins de la quantité de billets émis que de la confiance qu'ils inspirent et de la balance des échanges internationaux.

Cette vérité a été mise en lumière par les maîtres de la science économique et les financiers les plus compétents. Je me bornerai à citer Stuart Mill, Courcelle-Seneuil, Paul Leroy-Beaulieu, et je m'abstiendrai de rappeler l'expérience décisive des autres pays, qui ont tous plus ou moins passé par le régime des cours forcés.

Sans sortir de la Grèce, je puis démontrer par des faits que la dépréciation du papier-monnaie n'est pas le résultat de l'exagération des émissions, comme l'ont soutenu les partisans de M. Tricoupis quand il était au pouvoir et méditait de nouveaux emprunts.

Je ne vois rien de plus concluant que la comparaison du cours des changes et du chiffre des émissions, mois par mois :

ANNÉES	MOIS	POUR LE COMPTE DU GOUVERNEMENT					CIRCULATION TOTALE					COURS des CHANGES
		NATIONALE	IONIENNE	EPIRO-Thessalie	BILLETS fractionnaires	TOTAL	NATIONALE	IONIENNE	EPIRO-Thessalie	BILLETS fractionnaires	TOTAL	
1890	Janvier	54.607.327	—	500.541	14.400.000	69.507.868	87.404.520	8.492.932	5.882.133	14.240.000	116.019.585	1.22 ½
—	Février	62.294.827	—	500.541	14.400.000	77.195.368	88.490.990	8.534.916	6.061.132	14.240.000	117.327.038	1.22 ½
—	Mars	63.094.827	374.906	1.000.541	14.400.000	78.870.274	87.004.040	9.017.330	6.377.262	14.240.000	116.638.632	1.23
—	Avril	65.266.408	1.874.906	1.000.541	14.400.000	82.541.855	85.990.330	5.740.584	6.150.417	14.240.000	115.121.331	1.23 ½
—	Mai	67.566.408	1.874.906	1.500.541	14.400.000	85.341.855	87.795.913	8.590.977	5.964.885	14.240.000	116.591.775	1.22 ½
—	Juin	68.378.388	1.874.906	1.504.463	14.400.000	86.157.757	90.332.401	8.590.977	5.797.092	14.240.000	119.260.470	1.24
—	Juillet	59.935.411	1.878.514	1.504.463	14.400.000	77.718.388	89.135.968	8.445.256	5.999.557	14.200.000	117.780.781	1.26
—	Août	66.931.475	1.874.906	1.504.463	14.400.000	84.710.844	93.860.485	9.293.425	5.902.740	14.200.000	123.256.650	1.22
—	Septembre	59.743.975	1.874.906	1.504.463	14.400.000	77.523.344	97.443.718	9.204.384	5.795.367	14.230.000	126.673.469	1.22
—	Octobre	60.743.975	1.874.906	1.504.463	14.400.000	78.523.344	98.121.181	8.914.987	5.669.430	14.240.000	126.945.598	1.22 ½
—	Novembre	53.493.335	1.874.906	904.341	14.400.000	70.672.582	97.624.288	8.806.324	5.992.420	14.250.000	126.673.032	1.23 ½
—	Décembre	55.945.595	1.874.906	908.185	14.400.000	73.128.686	98.746.066	8.806.324	5.986.825	14.400.000	127.939.215	1.25
1891	Janvier	54.933.425	1.884.286	908.185	14.400.000	72.125.896	101.208.939	8.762.732	5.803.113	14.300.000	130.074.784	1.26 ¾
—	Février	54.933.425	1.874.906	908.185	14.400.000	72.116.516	100.756.346	8.774.003	5.793.382	14.400.000	129.723.731	1.27 ½
—	Mars	54.933.425	1.874.906	908.185	14.400.000	72.116.516	101.586.930	8.661.326	5.732.684	14.300.000	130.280.940	1.29
—	Avril	56.333.425	1.874.906	908.185	14.400.000	73.516.516	101.535.051	8.617.423	5.674.767	14.400.000	130.227.241	1.30
—	Mai	60.083.425	1.874.906	908.185	14.400.000	77.266.516	103.320.150	8.565.307	5.756.632	14.400.000	132.043.089	1.28 ½
—	Juin	54.577.799	1.874.906	912.701	14.400.000	71.765.406	102.456.253	8.565.307	5.864.022	14.400.000	131.285.582	1.27 ¼
—	Juillet	57.524.097	1.884.294	912.701	14.400.000	74.721.092	107.830.576	8.547.378	5.809.817	14.400.000	136.587.771	1.28 ¾
—	Août	61.307.717	1.884.294	912.701	14.400.000	79.004.712	120.905.452	8.587.135	5.783.422	14.400.000	149.676.009	1.29
—	Septembre	62.507.717	1.884.294	912.701	14.400.000	79.704.712	120.723.280	8.613.463	5.768.947	14.400.000	149.505.690	1.28
—	Octobre	65.444.941	1.874.906	912.701	14.400.000	82.632.548	116.510.130	5.598.489	5.729.322	14.400.000	145.237.941	1.31 ½
—	Novembre	67.919 941	1.874.906	912.701	14.400.000	85.107.548	115.301.441	8.590.943	5.721.917	14.400.000	144.014.301	1.34
—	Décembre	68.635.858	1.874.906	917.217	14.400.000	85.827.973	115.454.134	8.850.943	5.639.677	14.400.000	144.084.754	1.35
1892	Janvier	67.359.687	1.884.309	917.217	14.400.000	84.561.213	116.784.989	8.507.291	5.569.012	14.400.000	145.261.292	1.40
—	Février	67.680.779	1.884.309	917.217	14.400.000	84.882.305	114.527.809	8.493.276	5.437.083	14.400.000	142.858.168	1.43
—	Mars	66.560.779	1.884.309	917.217	14.400.000	83.762.305	115.454.791	8.518.407	5.437.477	14.400.000	143.810.675	1.48
—	Avril	69.090.779	1.884.309	917.217	14.000.000	85.892.305	116.498.606	8.540.940	4.300.877	14.000.000	144.340.423	1.42
—	Mai	66.430.099	1.884.309	917.217	14.000.000	84.231.625	115.461.815	8.703.205	5.364.437	14.000.000	143.529.457	1.36 ¼
—	Juin	69.695.551	1.884.255	917.217	14.000.000	86.497.023	116.794.766	8.522.336	5.419.967	14.000.000	144.737.069	1.36
—	Juillet	70.994.240	1.884.255	917.217	14.000.000	87.795.712	113.908.022	8.522.336	5.467.877	14.000.000	141.898.235	1.40 ½
—	Août	70.994.240	1.884.255	917.217	14.000.000	87.795.712	120.811.482	8.464.041	5.365.277	14.000.000	148.640.800	1 45
—	Septembre	70.994.250	1.884.255	917.217	14.000.000	87.795.712	120.667.742	8.464.041	5.582.286	14.000.000	148.714.069	1.42

Pendant les premiers mois de l'année 1893, la circulation des billets de banque à cours forcé ne s'est point accrue, au contraire, elle a même fléchi dans une notable mesure, et pourtant le change s'est porté, en mai dernier, jusqu'à 185. Il est aujourd'hui entre 155-165 !

Voici la situation de la circulation fiduciaire pour les premiers trois mois 1893 :

				Compte de l'État		
Janvier.	Banque	Nationale	48.583.342	69.587.100	=	118.170.442
—	—	Ionienne.	3.000.00.	5.465.041	=	8.465.041
—	—	Épiro-Thessalie . .	1.000.000	4.582.286	=	5.582.266
		Total. . .	52.583.342	79.634.427		132.216.769
Février.	Banque	Nationale	46.028.626	68.234.240	=	114.262.866
—	—	Ionienne.	3.000.000	5.465.041	=	8.465.041
—	—	Épiro-Thessalie . .	1.000.000	4.582.286	=	5.582.266
		Total. . .	50.028.626	78.281.567		128.310.173
Mars . .	Banque	Nationale	43.472.666	69.234.240	=	123.706.906
—	—	Ionienne	3.000.000	5.465.041	=	8.465.041
—	—	Épiro-Thessalie . .	1.000.000	4.582.286	=	5.582.266
		Total. . .	47.472.666	79.281.567	=	126.754.213

Les adversaires de M. Tricoupis soutenaient, par conséquent, avec raison, que la quantité de billets en circulation n'a rien d'excessif et qu'elle pourrait même, en cas d'extrême besoin, être portée sans trop d'inconvénients à 200 millions de drachmes.

Cette quantité, dans tous les cas, ne suffirait pas à expliquer une perte du change aussi considérable.

La crise monétaire et la dépréciation de la monnaie fiduciaire sont donc l'effet, non pas la cause, de la crise générale due à la mauvaise administration financière de MM. Tricoupis-Delyannis.

Ceux-ci ont contracté à l'étranger, sous différents prétextes, des emprunts disproportionnés avec les ressources de l'État, et le produit de ces emprunts, a, la plupart du temps, été employé au profit exclusif de l'entourage financier et politique des gouvernants.

M. Law lui-même, peu suspect d'animosité contre M. Tricoupis, le reconnaît.

« Sans aucun doute, dit-il, les dépenses occasionnées par la
» mobilisation de l'armée et la désorganisation générale du pays
» dues aux événements politiques de 1885-86, en sont la cause

» originaire. *Mais depuis cette époque ni le temps ni les occasions » n'ont manqué pour procéder aux améliorations qu'on n'avait pu » réaliser.* Bref, je suis porté à attribuer le mal aux emprunts » excessifs à l'étranger, qui ont eu pour conséquence une ag- » gravation de charges intolérable dans un pays soumis à une » administration financière fort défectueuse. Je dois signaler » aussi le relâchement et la négligence de l'administration en ce » qui concerne la perception même de l'impôt, d'autant plus » regrettables que la balance des exportations et des importa- » tions a été constamment contraire à la Grèce.

» Pour atténuer l'extravagance manifeste des emprunts à » l'étranger, on allègue que le pays avait besoin tout de suite de » capitaux étrangers pour se développer intérieurement. C'est » incontestable; mais si on peut encourager ce développement, » on ne peut l'exagérer par des moyens artificiels sans courir » des risques dangereux. De plus, il est certain que d'énormes » sommes d'argent destinées aux travaux publics ont été gaspil- » lées à la suite d'une gestion insoucieuse, et aussi que, sans » parler des dépenses occasionnées par les travaux publics, on » a contracté l'habitude funeste d'invoquer les secours de l'étran- » ger pour faire face à la difficulté croissante de se procurer de » l'or pour le paiement des coupons. »

Mais avant d'aller plus loin, il importe de bien établir la responsabilité de chacun dans les désastres qui se sont abattus sur le malheureux peuple hellène, car diagnostiquer un mal c'est le guérir. C'est encore une question sur laquelle je ne suis pas d'accord avec l'honorable M. Law, qui trouve puéril de récriminer sur ce qui a été fait et de perdre son temps à rechercher les responsabilités.

La majorité déclarée et le parlementarisme en Grèce.

Un grand malheur pour ce pays, c'est qu'il n'a pas eu la bonne fortune de voir surgir au sein de son parlement omnipotent, unique souverain du royaume, des personnalités pour remplacer des hommes d'État éminents, comme Delygeorges, Bulgaris, Zaïmis et Coumounouros. C'est pourquoi au milieu des *aveugles* les borgnes sont devenus, non pas des rois, puisqu'il y a déjà un roi, mais des satrapes tout-puissants. Tricoupis et Delyannis ont, en effet, annihilé l'autorité des autres ministres, absorbé les prérogatives du parlement, asservi les libertés municipales, détruit l'indépendance de la justice, et amoindri le prestige de la couronne elle-même, en faisant du roi une « simple griffe à signatures », suivant l'expression dont s'est servi l'honorable M. Sotiropoulo.

Combien de fois n'avons-nous pas entendu des ministres de grandes puissances accrédités auprès du roi Georges, dire qu'ils préféraient s'adresser directement à M. Tricoupis (ministre des finances) qu'au ministre des affaires étrangères pour des questions du ressort de ce dernier, parce que celui-ci n'était pas autorisé à leur répondre sans consulter le « patron » !

Quant aux membres de la majorité de la Chambre, ils n'étaient que de simples marionnettes auxquelles le « patron » faisait voter « oui » ou « non », suivant les marchés arrêtés préalablement dans son cabinet avec les financiers ou les hommes politiques de son entourage, conformément aux intérêts, non pas de l'État et du pays, mais du parti au pouvoir.

Combien n'a-t-on pas vu de ces « fameuses séances » où le jongleur caché faisait voter, sur un simple signe, des lois par fournée de vingt, trente, jusqu'à quarante dans une soirée, sans examen, sans étude préalable aucune et sans... discussion ! Et c'était des lois où il s'agissait des intérêts les plus vitaux de l'État et du pays. Ainsi ont été votées presque toutes les lois autorisant les tripotages financiers, les emprunts successifs et les prétendues conversions, avec l'aliénation du plus clair des revenus du pays. C'est ainsi que des entreprises de construction de chemins de fer ont été concédées à des spéculateurs sans scrupules et greffées toujours d'un emprunt spécial sur hypothèque de ces mêmes chemins de fer. C'est ainsi que MM. Tricoupis et Delyannis ont fait de la Grèce une véritable vache à lait pressurée et exploitée effrontément par leurs créatures et leurs courtisans.

Je m'arrête là, car il faudrait remplir des volumes si l'on voulait énumérer en détail les manigances de tous les « chéquards » qui se sont abattus sur le malheureux pays comme une lèpre et se sont enrichis aux dépens du peuple qu'ils vont finir par réduire à l'épuisement complet si on les laisse faire. C'est pour payer leurs folies qu'ils agitent aujourd'hui le spectre du « déshonneur » qui, d'après eux, rejaillira sur toute la nation hellène si l'État se déclare incapable de remplir des engagements contractés dans de semblables conditions.

Bref, le souverain est le type idéal du monarque constitutionnel : il règne et ne gouverne pas; il s'abstient volontairement de toute intervention dans les affaires publiques. Par suite (le Sénat n'existant plus), tous les pouvoirs appartiennent à la Chambre unique, omnipotente. Les intérêts purement locaux y dominent et les questions de personnes priment toutes les autres. La Chambre peut faire et défaire à son gré les ministères, et elle les défait quand le « patron » leur coupe les vivres. Naturellement, tout changement de ministère entraîne un bouleversement complet dans le personnel administratif.

Or, comme ce personnel est très mal payé (je ne connais pas de pays où les appointements des fonctionnaires soient moins élevés), la corruption se pratique sur une vaste échelle.

Obligés de s'incliner devant les exigences de leurs partisans, puisque la question de confiance se pose dans toutes les discussions, même les plus infimes, les hommes au pouvoir ont empêché les meilleurs patriotes de se consacrer au service bien compris de la nation.

Pour résumer ces réflexions sur le parlementarisme qui, en Grèce, fausse l'esprit de la plus libérale des Constitutions, je dois ajouter que l'intérêt national, comme l'a si bien écrit M. A. Byzantios, ne fait pas l'objet de la pensée de ces « pères conscrits » de la Chambre grecque.

Le gouvernement est pris dans la majorité « déclarée » ; gouvernement et majorité se soutiennent donc l'un l'autre, et, comme les frères Siamois, ne peuvent pas être séparés. Le gouvernement a besoin de sa majorité. La majorité a besoin de son gouvernement. De là naissent un réciproque abandon et de mutuelles concessions, qui détraquent cette machine parlementaire, construite avec tant de délicatesse. Le résultat réel de cette union forcée, c'est que les représentants des contribuables, au lieu de défendre en tout temps et dans toute circonstance les intérêts de ceux-ci, sont toujours prêts à les sacrifier, au profit des vues ministérielles et des intérêts étroits du parti au pouvoir. Dès lors, le contrôle est une pure comédie parlementaire, jouée avec plus ou moins d'habileté et de cynisme.

Par suite, les travaux publics fournissent le moyen le plus sûr pour former et conserver les majorités électorales, car ils permettent d'étendre le patronage gouvernemental par la création de nouveaux emplois. Il faut y ajouter les fournitures de toutes espèces pour le compte de l'État.

Il ne faut donc pas s'étonner si la majeure partie des sommes considérables empruntées par la Grèce a été gaspillée au profit exclusif de l'entourage gouvernemental et au détriment des contribuables et de l'État.

Le gouvernement grec s'est laissé allé à emprunter dans des conditions très défavorables. Il a pris l'habitude de s'adresser à des intermédiaires plus ou moins suspects qui n'avaient aucun souci des intérêts du pays et se sont fait rémunérer grassement, trop grassement, et il a été obligé de subir leurs conditions, car il était pressé d'emprunter pour satisfaire les exigences de ses partisans et combler les déficits budgétaires qu'il ne pouvait indéfiniment masquer par des artifices de comptabilité.

Ici, je touche à la principale faute commise, à mon sens, par les divers gouvernements qui se sont succédé en Grèce avant l'arrivée aux affaires de M. Sotiropoulo.

Je veux parler de cette méthode défectueuse qui consiste à majorer les recettes et à réduire (en théorie) les dépenses d'une manière fantaisiste, de façon à présenter un budget en équilibre, voire même avec des excédents. C'est ainsi qu'on a pu contracter tant d'emprunts !

Le gouvernement grec justifiait cette politique emprunteuse par la nécessité d'exécuter de grands travaux publics, la conversion d'emprunts, l'abolition du cours forcé, etc., et de 1886 à 1889 les dispositions des capitalistes étrangers lui ont été malheureusement beaucoup trop favorables.

La diminution des grands travaux lucratifs en Europe et la conversion des emprunts des nations riches les poussaient vers les fonds d'État des pays qui pouvaient leur servir un intérêt plus élevé.

C'est pour toutes ces raisons qu'en onze ans la Dette a été presque triplée.

En un mot, la principale, la véritable cause de la crise actuelle, c'est l'exagération de la Dette extérieure. La crise monétaire n'en est que la conséquence.

M. Tricoupis avait su se faire à l'intérieur comme à l'extérieur la réputation d'un autre Bismarck, d'un Alexandre contemporain, voire d'un moderne Pompée, — ne riez pas, lecteurs, car, du haut de la tribune de la Chambre, il a été un jour comparé au consul romain, le plus sérieusement du monde, et non pour égayer la galerie par un calembour facile. Depuis sa chute son troupeau se trouve dans une situation qui serait comique si elle ne faisait pitié !

Désorientée, déroutée et dévoyée, la majorité déclarée d'hier cherche, la lanterne de Diogène à la main, un nouveau « patron ». Ce qu'elle exige n'est pas grand'chose... qu'on lui permette seulement de siéger sur ses anciens bancs, qu'on la fasse vivre avec les miettes que produiraient de nouveaux expédients financiers, et elle est toute prête à sanctionner la récente combinaison de MM. Hambro and Son de Londres, celle qui doit sauver le pays de l' « infâme banqueroute » et lui rendre toute sa prospérité !

Malheureusement, après la chute de M. Delyannis et la désertion de M. Tricoupis, les effets de leur politique néfaste continuent à se faire sentir, c'est pourquoi il importe de bien se rendre compte du caractère de la crise financière actuelle avant d'apprécier les remèdes proposés.

S'il y a ralentissement sur le terrain des progrès économiques et si toutes les branches de l'activité privée souffrent aujourd'hui, c'est à coup sûr, je crois l'avoir démontré, l'effet d'une crise provoquée, non par des calamités nationales, mais par l'imprévoyance et l'incurie gouvernementales. Il ne s'agit pas non plus, comme les auteurs de l'état de choses actuel essayent de le faire croire, d'une crise monétaire causée par l'émission soi-disant démesurée de la monnaie fiduciaire.

Bien avant moi, je le répète, des hommes d'État hellènes distingués et autorisés ont prouvé d'une façon péremptoire que la circulation d'une somme de 150 millions de drachmes — pour prendre un chiffre rond — n'est pas en disproportion avec les besoins du public. Inutile donc d'y insister.

QUATRIÈME PARTIE

LES REMÈDES PROPOSÉS

La situation actuelle est intolérable : tout le monde était et est d'accord sur ce point. Mais comment en sortir ?

Naturellement les tricoupistes préconisaient un nouvel emprunt, qu'ils voulaient négocier à Londres.

Leurs adversaires étaient très divisés, mais ils repoussaient tous, avec énergie, l'idée d'un nouvel emprunt.

Ils redoutaient l'aggravation des charges fiscales déjà beaucoup trop lourdes, la banqueroute et les maux qu'elle entraîne à sa suite, la ruine du crédit public et celle des institutions de crédit et des établissements hospitaliers dont l'actif est en grande partie composé de valeurs d'État.

Aujourd'hui, nous sommes en présence de deux grands courants d'opinions.

L'un comprend les hommes qui sont actuellement au pouvoir et qui, lorsqu'ils étaient dans l'opposition, avaient pour devise : « Le salut du pays par le pays sans EMPRUNT et sans faillite. » Ils s'élevaient avec vigueur contre toute proposition de nature à porter atteinte, pensaient-ils, au bon renom de la Grèce. Ce sont là, certes, de nobles sentiments, mais tout cela ne refait pas à la Grèce de bonnes finances. Il faut autre chose que de fières paroles pour rétablir le crédit ébranlé du royaume.

L'autre courant comprend M. Constantopoulo, ancien président du Conseil des ministres et M. Carapanos, ancien ministre des finances (démissionnaire) de M. Delyannis. Tous les deux sont d'accord sur le principe de la nécessité inévitable de recourir à un arrangement avec les créanciers, mais ils diffèrent légèrement sur les détails.

Il me semble qu'il n'est pas sans intérêt d'examiner le programme des différents partis avant de formuler une opinion sur les moyens de sortir de la crise actuelle.

SYSTÈME DE MM. SOTIROPOULO-RHALLYS

Voici dans quels termes a été saluée, dans la presse officieuse, l'arrivée au pouvoir de MM. Sotiropoulo-Rhallys :

« Il était impossible de faire un meilleur choix que celui de M. Sotiropoulo. M. Tricoupis tombé, le Roi s'est trouvé au milieu d'hommes politiques déclarant que l'Etat ne pouvait plus suffire à ses obligations et des hommes politiques déclarant que l'on pouvait gouverner sans emprunts en gardant scrupuleusement tous les engagements du Trésor. Il était naturel qu'il se tournât vers ces derniers.

» M. Rhallys, le premier, s'est montré disposé à appuyer M. Sotiropoulo dans la tâche qu'il a acceptée avec abnégation. »

« M. Sotiropoulo est un homme plein d'expérience, ayant, avec un esprit sain, une connaissance approfondie des détails de la gestion financière, l'intelligence fermée aux idées abstraites et aux sophismes trompeurs. Il représente vraiment les principes économiques d'une autre époque desquels la Grèce s'est éloignée avec trop de hâte et auxquels elle ne saurait plus revenir, même si elle le voulait. Mais M. Sotiropoulo ne partage pas la responsabilité de la situation actuelle et, quelle qu'en soit l'issue, ses efforts doivent être jugés sur les intentions et non sur les résultats.

» M. Rhallys a flétri avec tant d'ardeur le système d'administration successivement appliqué depuis des années par les deux grands partis politiques, système ayant les compromissions pour base, qu'il sent beaucoup plus que tout autre le besoin de réformes radicales, bien que nous soyons convaincus qu'aucun remède n'est possible sous la Constitution actuelle. »

Le ministère, présidé par l'honorable Sotiropoulo, arrivé au pouvoir avec le drapeau à la devise : « Le salut du pays sans emprunt et sans faillite », a malheureusement suivi la même politique qui a jeté la Grèce dans les embarras où elle est plongée actuellement.

Au lieu d'aborder franchement la revision inévitable et l'unification de la Dette générale, il recourt à un emprunt déguisé et aggrave ainsi la situation actuelle au profit d'une oligarchie privilégiée de banquiers — j'allais dire d'usuriers — les mêmes qui ont exploité M. Tricoupis au point de lui faire conduire le malheureux pays à la banqueroute.

M. Sotiropoulo, mû par un sentiment patriotique très compréhensible, croit qu'il va de l'honneur national de payer intégralement le prochain coupon. Mais devant le vide désespérant du Trésor, que la gestion de M. Tricoupis lui a légué, il a cru devoir prêter l'oreille à une combinaison financière louche ayant pour objet de payer, pendant trois ans, les annuités DUES EN OR avec des titres à intérêts 5 0/0 d'un nouvel emprunt gagé par les impôts en or.

Voici dans quelles conditions ce genre d'emprunt, mis en pratique par les Argentins, a été autorisé par décret royal :

Le *Journal officiel* de Grèce a publié un décret relatif à l'émission d'un emprunt de 100 millions de francs qui seront affectés au paiement des coupons des emprunts helléniques de 1881, 1884, 1889 et 1890, échéant du 15 juin 1893 au 1er juillet 1895; au remboursement de l'emprunt de 16 millions et demi de 1892, et au règlement partiel de la dette flottante.

L'emprunt nouveau, portant intérêt à 5 0/0, est garanti par les revenus en or.

La disposition du décret concernant le paiement des coupons et l'amortissement des obligations des emprunts antérieurs par des obligations du nouvel emprunt, reste conditionnellement soumise à l'approbation de la Chambre. En cas de rejet, les obligations émises à cet effet seront retirées.

L'*Officiel* a publié une annexe contenant le contrat passé entre le gouvernement hellénique et la maison de MM. Hambro and Son, de Londres, qui acceptent d'être les agents du gouvernement pour l'émission dudit emprunt.

Le gouvernement actuel, poussant le scrupule jusqu'à épuiser le pays et sacrifier l'avenir de la Grèce à un amour-propre national bien mal compris, a fait signer au roi le décret dont on vient de lire la teneur.

En effet, ce n'est pas 100 millions, en réalité, mais seulement

40 millions de titres que ces messieurs s'engagent à escompter. Quant aux 60 millions restants, il n'en est pas question pour le moment et il n'en sera probablement plus question.

Contre ces 40 millions, GARANTIS SPÉCIALEMENT par les 8 millions d'impôts en or, ils consentent à escompter environ **six** millions et pour les récompenser de leur bonne volonté, on leur octroie une *petite commission de* **1.800.000** francs, sans compter quelques autres provisions et courtages *accessoires!*

Ce n'est pas tout. Ces messieurs détiennent la majeure partie des titres émis en 1888 lorsqu'on a conclu l'emprunt de 135 millions, dit « des monopoles »; ils ne pouvaient pas être traités sur le même pied que les créanciers ordinaires! Les autres recevront des titres en paiement; à eux on donnera de l'or comme par le passé, sous prétexte que les recettes des monopoles constituent un gage privilégié en faveur des porteurs de l'Emprunt de 1888. Comme si tous les emprunts grecs extérieurs n'étaient pas gagés sur des recettes spécialement affectées au service de leurs annuités! Aux uns on a affecté les recettes douanières, aux autres le produit des droits de timbre, de l'impôt sur les Sociétés anonymes, etc., etc... On pourrait tout aussi bien dire : l' « Emprunt des Douanes », l' « Emprunt du Timbre », etc., comme on dit l' « Emprunt des Monopoles ».

Le tableau officiel ci-après, publié par le Ministère des Finances, suffit pour prouver que l'Emprunt 135 millions, dit « Monopole », n'est pas plus privilégié que les autres.

Tableau des revenus hypothéqués au service des annuités des différents emprunts.

DÉSIGNATION DES EMPRUNTS	DÉSIGNATION DES REVENUS HYPOTHÉQUÉS	REVENUS HYPOTHÉQUÉS PAR NATURE	TOTAL DES REVENUS HYPOTHÉQUÉS PAR EMPRUNT	ANNUITÉS PAR EMPRUNT
		Drachmes.	Drachmes.	Drachmes.
Emprunt des 3 grandes puissances	Le tiers des recettes de la douane de Syra	948.804	948.804	900.000
Emprunt amortiss., 120.000.000	La taxe sur la consommation du tabac	3.768.367	20.276.813	7.001.960
	Les annuités des terres et plantations nationales	346.478		
	Les recettes de la douane d'Athènes	803.508		
	— — Pirée	10.023.301		
	— — Patras	3.890.052		
	— — Zante	1.443.107		
Emprunt amortiss., 170.000.000	Le surplus des recettes du timbre	9.129.833	18.071.235	6.166.988
	Le tiers des recettes de la douane de Syra	948.804		
	Les recettes de la douane de Catacolon	707.169		
	— — Calamata	934.248		
	— — Céphalonie	1.295.930		
	— — Corfou	3.653.512		
	— — Volo	1.388.797		
	— — Zagessi	9.968		
	— — Arta	2.994		
Emprunt amortiss., 135.000.000	Les recettes du monopole du sel	2.290.621	9.691.187	5.439.150
	— — pétrole	4.749.979		
	— — cartes à jouer	357.533		
	— — papier à cigarettes	1.434.458		
	— — allumettes	858.596		
Emprunt amortiss., 15.000.000	Le tiers des recettes de la douane de Syra	»	948.804	634.205
— — 16.500.000	L'impôt sur le bénéfice des sociétés anonymes	162.393	767.640	1.055.953
	Le droit du timbre sur les dividendes des sociétés anonymes	90.888		
	— — billets des théâtres	48.410		
	— — bateaux à vapeur	145.544		
	— — chemins de fer	320.405		
	Droit sur les scories du Laurium	»		
	— de 5 0/0 sur les mines exploitées	»		
Emprunt Patriotique, 30.000.000	Le revenu de l'émeri	»	446.780	44.744
			51.151.283	21.263.000
Emprunt Pirée-Larissa	Les recettes nettes du futur chemin de fer	»	»	3.040.765
				24.303.765

Il est vrai que jusqu'ici on n'a guère tenu compte de tous ces privilèges, puisqu'on a fait constamment le service des emprunts avec de nouveaux emprunts.

Voyons maintenant ce que pense de cette manière d'agir, l'éminent économiste, M. Paul Leroy-Beaulieu, et comment elle est qualifiée par *The Economist* (de Londres) :

« Les emprunts spéciaux, les emprunts gagés, les monopoles créés moyennant un capital une fois versé, dit M. Leroy-Beaulieu, avec l'autorité qui le distingue, — sont toujours nuisibles aux créanciers généraux et primitifs d'un État. C'est une manière de tout leur prendre... Il est singulier que des gens qui ne toléreraient pas cette pratique de la part de leur débiteur privé *y applaudissent* de la part d'un État dont ils sont les créanciers et chirographaires...

» Toute émission postérieure d'un emprunt avec *un gage spécial* est au détriment des créanciers anciens, diminue les ressources sur lesquelles ils pouvaient compter et accroît les risques auxquels ils sont exposés. Notre confrère l'*Économist* (de Londres), se demandait même, récemment, si une pareille constitution de gage spécial, **quand il existe une grosse dette générale,** peut être regardée comme légitime. »

Et l'éminent économiste conclut :

« Ainsi, l'on doit condamner comme un acheminement à la banqueroute et comme **une aggravation de la banqueroute future** de la part d'un État ayant déjà une forte dette générale, *toute émission d'emprunts ayant des gages spéciaux*. **Si des créanciers généraux veulent voir leurs créances absolument s'évaporer dans leurs mains, et souvent au bout de très peu de temps,** ils n'ont qu'à **encourager leur débiteur à marcher dans cette voie.**

» Il est des cas, malheureusement, où il faut, **pour prévenir une banqueroute** complète, se résoudre à un concordat. Toute transaction, tout concordat, même à 50 0/0, **est préférable** à l'engagement graduel des principales ressources d'un pays par une succession d'emprunts privilégiés. Un État qui recourt à ces expédients doit être considéré **comme insolvable** (1). »

Que peuvent répondre à ces sages conseils les patrons des projets d'emprunts « de capitalisation » de M. Ionides, inspiré par « les entrepreneurs de prêts », MM. Hambro and Son de Londres?

Les agissements du ministère Sotiropoulo-Rhallys apparaissent donc comme ceux de gens agités, de brouillons, de gens incohérents, rêvant d'une foule de projets bizarres, mal étudiés, en contradiction absolue, et avec les circonstances présentes et avec les idées et les principes qu'ils affichaient quand ils étaient dans l'opposition.

Personne ne prétend que ce sont des personnages sans intelligence. Ils occupent, au contraire, non sans mérite, une place des plus marquées parmi les hommes les plus distingués de la Grèce actuelle. Mais, arrivés au pouvoir, ils ont prouvé qu'ils sont des hommes d'expédients sans vues élevées, ne le cédant en rien à leurs prédécesseurs, se préoccupant simplement de parer aux difficultés présentes, dussent-elles aggraver les difficultés futures; ce sont des hommes qui ont au fond de leur cœur la fameuse formule : « Après nous, le déluge. » Aussi leur pratique favorite a été, à peine arrivés au pouvoir: les anticipations de recettes, les engagements de ressources gouvernementales, les aliénations sous forme de monopoles moyennant un emprunt immédiat, et quel emprunt!

IDÉES ET PRINCIPES DES GOUVERNANTS ACTUELS QUAND ILS ÉTAIENT DANS L'OPPOSITION

J'ai sous les yeux un remarquable discours de M. Sotiropoulo, l'honorable président actuel du Conseil des ministres, prononcé le 28 février 1890, lors de la discussion du budget. C'est un véritable réquisitoire contre la politique emprunteuse de M. Tricoupis, alors au pouvoir.

Voici comment il conclut :

« Tel est l'état actuel de la Dette publique; vous pouvez vous

(1) Voir l'*Économiste français* du 26 septembre 1891, p. 386-387.

faire une idée à quel point devient embarrassante notre situation financière et juger si une amélioration est possible dans un court laps de temps.

» En présence d'une pareille situation, on ne sait vraiment ce qu'il faut le plus admirer, l'audace de M. le premier ministre, l'indulgence de la Chambre ou bien la tolérance du peuple hellène. Comment est-il possible à une nation dont les revenus commencent à diminuer à cause d'impositions et de taxes insupportables de faire face aux charges d'une dette qui a pris des proportions si effrayantes !

» Aujourd'hui nous ne nous rendons pas encore un compte bien exact de la difficulté, parce que nous contractons continuellement de nouveaux emprunts pour faire le service des anciens. Nous n'exportons donc pas encore d'*or;* mais lorsque nous ne pourrons plus emprunter et nous serons obligés de remettre à l'étranger de 30 à 40 millions en or, je ne saurais vous dire, ma foi, dans quelle situation nous nous trouverons. »

Voici maintenant l'extrait d'un autre discours, de M. Eutaxias, actuellement ministre de l'Instruction publique, alors député opposant. Ce discours a été prononcé le 7 août 1892.

« Et le peuple hellène, Monsieur le Président du Conseil, ne s'est-il imposé au cours des dix dernières années des charges doubles de celles qu'il payait auparavant au fisc qu'en vue de voir monter les déficits à 202 millions, DE DOUBLER LA DETTE PUBLIQUE et les sommes exigées pour le service de cette même dette, de voir surenchérir à ce point, par suite du cours forcé, les choses nécessaires à la vie, de manière à végéter et à envier le sort des habitants de l'État voisin, où la vie est d'un bon marché fabuleux ? Si c'était là au moins la fin des sacrifices du peuple hellène et celle de la jouissance des fruits amers que l'honorable Président du Conseil l'invitait à recueillir dès 1883 !

» Des fruits plus amers encore lui sont réservés dans la suite. Ce sont les embarras financiers de l'État, qui font sentir si cruellement leur influence sur l'économie du pays, les finances publiques ayant des rapports étroits avec celles de chacun en particulier. Et personne ne nie plus aujourd'hui ce malaise économique.

» Chacun porte avec anxiété son regard sur un prochain avenir, qui peut être gros des plus grands dangers pour le pays. C'est en vue de prévenir ces dangers que M. le Président du

Conseil a invité le peuple hellène à de nouveaux sacrifices, oubliant ses sacrifices encore récents et les fruits qu'ils lui ont rapportés jusqu'ici.

» A un certain point de vue, ces nouveaux sacrifices sont, comme vous devez l'avoir remarqué, une conséquence des autres. Mais où nous mènera cette situation ?

» Jusqu'à quand le peuple hellène puisera-t-il dans un tonneau des Danaïdes? Jusqu'à quand ira-t-il de sacrifices en sacrifices ? »

Et M. Eutaxias conclut ainsi :

« L'histoire financière d'autres États nous apprend, Messieurs, ce qui nous est réservé. La Turquie, l'Egypte, le Portugal, l'Argentine et le Brésil, pays beaucoup plus fertiles et plus riches que la Grèce, ont succombé sous le poids d'une semblable politique financière. Ayant contracté d'énormes dettes extérieures, ces États se sont trouvés dans l'impuissance de remplir leurs obligations, d'exporter le numéraire qu'exigeaient l'intérêt et l'amortissement de leurs dettes. Et pensez-vous, Messieurs, qu'il soit possible à la Grèce d'éviter cette fatale destinée, si l'on continue à lui appliquer le régime financier du Président du Conseil, qui lui a été jusqu'ici si funeste ? »

Un autre orateur, M. Rhallys, le ministre de l'Intérieur actuel, disait, dans son discours du 16/28 février 1893 :

« On prédisait de tous les côtés que le jour où la ressource des emprunts sera épuisée, les embarras deviendraient inextricables. Mais jamais ces avis de la sagesse n'ont été écoutés. Pourtant, maintenant que nous nous trouvons devant l'impasse, le Président du Conseil (Tricoupis) n'ayant rien appris, ni désappris de la triste expérience jusqu'à présent, se lance de nouveau, *à peine arrivé au pouvoir*, dans la voie **usée** des emprunts et de la ruine, qui ont créé les embarras actuels...

» Les emprunts nécessitant le paiement *de riches commissions* et des frais d'émission *lucratifs*, qui, d'après l'expression d'un collègue ayant une grande expérience en la matière, constituent « la transpiration insensible » de la nation. *Ils soulagent momentanément*, mais ils nous conduisent définitivement à l'état où nous nous trouvons justement à l'heure actuelle...

» L'emprunt projeté, destiné à rembourser, en partie, des emprunts provisoires antérieurs, et, en partie, au paiement d'intérêts et d'annuités dus, sera promptement épuisé ; le cours forcé dont nous nous efforçons de nous délivrer deviendra encore plus accablant.

» **Si donc ce nouvel emprunt est conclu, Dieu nous en garde, l'heure de la banqueroute aura sonné... »**

Je ne veux pas multiplier à l'infini les citations.

Voilà les hommes de l'opposition. Une fois arrivés au pouvoir, ils ont malheureusement suivi les mêmes errements que M. Tricoupis dont ils ne cessaient de critiquer la politique financière avec la dernière des véhémences. Dans ces conditions, s'il s'agissait de continuer, c'est-à-dire de payer les intérêts des emprunts avec de nouveaux emprunts, « ce n'était pas la peine de changer de gouvernement ». Il aurait mieux valu ne pas empêcher M. Tricoupis de conclure son emprunt qui était bien au moins un *vrai emprunt* et ne pas faire pire que lui, c'est-à-dire payer les annuités dues en espèces, avec du papier sans valeur, sous la forme d'obligations d'un nouvel emprunt non escomptable.

Tout cela s'explique, par malheur, très facilement par l'amour du pouvoir. Les programmes, les systèmes, les opinions, les principes et les convictions ne sont bons que pour combattre les adversaires qui le détiennent. Une fois ceux-ci par terre, leurs successeurs deviennent aussi *opportunistes* qu'eux et continuent leur politique avec cette différence qu'ils y mettent souvent moins de talent et moins d'habileté.

Cette manière de comprendre le régime parlementaire n'est pas particulière à la Grèce. Sauf toutefois en Angleterre, les régimes parlementaires nous offrent plus ou moins le même spectacle que celui du Parlement grec.

Il est certain que pas un gouvernement, pas un ministre constitutionnel n'oserait jamais soumettre, à la légère, à la discussion du parlement ou à la sanction royale un projet équivoque ; il réfléchirait mille fois avant de le faire, s'il ne devait pas compter sur la servilité de la majorité acquise d'avance, au moyen de compromissions et de marchandages conclus dans les coulisses de la Chambre, et s'il ne savait pas *que la sanction* royale lui est toujours acquise, le souverain ne refusant jamais sa signature aux lois approuvées et votées par la Chambre.

Cette fidélité à la Constitution est poussée souvent si loin, que bien des décrets royaux, signés en l'absence de la Chambre si omnipotente, contiennent cette réserve : « à la condition d'être plus tard *sanctionné* par elle ! »

Il me semble que ce n'est pas ainsi que le peuple Hellène comprend le rôle de son Souverain.

La Constitution de tout pays reconnaît au souverain, roi ou président, le droit de refuser ou non sa signature à la promulgation d'une loi ou d'une mesure approuvée et votée par la Chambre, surtout lorsque c'est une Chambre *unique* comme en Grèce où le Sénat est supprimé depuis 1862. Mais du moment que toute la nation confère à un homme le titre de « Majesté » et dans le moindre acte qu'elle lui adresse reconnaît humblement l'infaillibilité de « Sa sagesse royale », de « Sa clairvoyance royale », de « Son patriotisme royal », les décrets de cette « Majesté » ne devraient pas, *sous aucun prétexte*, être soumis ensuite à la discussion de la représentation nationale, comme le vote d'une simple majorité parlementaire, à la sanction du Souverain.

Si un roi trop constitutionnel croit qu'il n'a pas le droit de se passer de l'avis de la Chambre, il n'a qu'à la convoquer d'urgence toutes les fois qu'un intérêt supérieur national le commande.

Si, au contraire, en l'absence de cette Chambre, le Roi, d'accord avec ses ministres responsables, juge qu'il y a lieu de sanctionner une proposition de ces derniers, son décret doit être définitif et à l'abri de toute modification de la part de la représentation nationale.

Voilà pourquoi le dernier décret autorisant un emprunt déguisé, qui n'est pas un emprunt, mais une « suspension pure et simple » du service de la Dette, sous réserve d'être « sanctionné » par la Chambre, est nul et non avenu parce que celle-ci ne peut pas et n'a pas le droit de le discuter. Ou bien il doit être remplacé par un décret définitif « sans aucune réserve », ou bien le ministère Sotiropoulo doit soumettre son projet d'emprunt d'abord à l'étude et à la discussion de la Chambre et son vote, en cas d'approbation, à la ratification du Souverain, considérant le décret signé constitutionnellement comme n'ayant jamais existé.

Toute autre manière de procéder ne peut être que contraire au régime constitutionnel et attentatoire à la dignité et au prestige de la Couronne.

Mais si le ministère Sotiropoulo, peu confiant dans le patriotisme et la clairvoyance de la majorité tricoupiste, dont on connaît les antécédents, a cherché à se passer, au moyen d'un expédient, de l'avis de celle-ci, sûr d'avoir plus tard son consentement en la mettant en présence d'un fait accompli, il eût mieux valu recourir à un véritable coup d'État et suspendre purement et simplement, après un manifeste motivé et adressé au peuple, le fonctionnement d'une Chambre de « marionnettes », pendant la période fixée par le récent décret pour le paiement des coupons en papier.

Qu'on ne vienne pas soutenir que c'est la Constitution qui entretient toute cette confusion des attributions de la Couronne et de la représentation Nationale.

La Constitution en elle-même n'a pas tort. Ce sont seulement ses gardiens qui la faussent impunément à chaque instant, dans l'intérêt exclusif de leurs vues mesquines et étroites.

C'est ici, plus que jamais, qu'on doit se rappeler les paroles d'une immense portée qu'un jour le vieux Colocotronis adressa au roi Othon : « Si tu veux faire respecter la Constitution et mettre de l'ordre dans Ton royaume, « TAPE DU PIED, TU ES UN ROI ».

Malheureusement, c'est parce que le Roi n'a jamais voulu user de ses prérogatives constitutionnelles, c'est parce qu'il n'a jamais voulu TAPER DU PIED POUR PROUVER QU'IL EST ROI, que des ministres médiocres ont eu l'audace de faire des membres de la représentation nationale de simples MARIONNETTES, et du Souverain « un simple notaire et une griffe à signatures », comme l'a dit si justement, en 1876, M. A. Byzantios.

OPINION DE M. CONSTANTOPOULO

Lors de la discussion du budget de 1893 à la Chambre des députés, M. Constantopoulo, ancien président du Conseil des ministres, posait ainsi la question :

« Je crois devoir demander au gouvernement (Tricoupis) :
» que ferait-il si le seul espoir sur lequel il basait la restauration
» des finances, l'émission d'un emprunt, venait à être déçu? Je
» lui dirai donc : faites-le dès à présent et avant d'ouvrir des
» négociations pour l'emprunt qui n'améliorera pas, mais aggra-
» vera la situation financière.

» Et quelle autre chose peut faire l'État, qui a de grandes obli-
» gations, sans avoir, sans pouvoir se procurer les moyens d'y

» subvenir, sinon de déclarer son impuissance à ses créanciers?
» *Régler ses obligations envers eux de façon que l'État conserve les*
» *moyens nécessaires pour son entretien et son progrès, que les*
» *créanciers subissent* LE MOINS DE PERTE *possible pour le présent*
» *et conçoivent de sérieuses espérances d'amélioration pour l'a-*
» *venir.* » Voilà tout le programme de M. Constantopoulo dans ses grandes lignes.

On dirait que M. Constantopoulo a prévu en vrai prophète. On connaît l'échec piteux de l'emprunt Tricoupis. Or, celui-ci, le lendemain même de sa désertion du pouvoir, oubliant qu'il est le principal auteur de la déplorable situation financière, a déployé, dans l'*Asty*, le seul journal qui interprète ses pensées, le drapeau de la véritable banqueroute : il a conseillé, ni plus ni moins, de cesser purement et simplement le service de la Dette *pendant dix ans;* « après... on verra. »

Le programme de l'honorable M. Constantopoulo me paraîtrait irréprochable et conforme en tout aux intérêts bien conçus de la Grèce et de ses créanciers si l'honorable orateur venait proposer à ces derniers un minimum d'intérêt équitable et raisonnable, en rapport avec les ressources budgétaires du pays. Car, à mon avis, pour qu'un règlement de comptes puisse être accepté et permettre à l'État grec de se livrer à l'avenir tout entier et sans préoccupation de réclamations incessantes de la part de qui que ce soit, ce minimum doit être bien déterminé d'avance et une fois pour toutes, sous peine de laisser la porte grande ouverte à l'ingérence et aux investigations constantes de ses prêteurs dans la gestion financière de l'État.

Je me réserve, d'ailleurs, d'examiner tout à l'heure, dans les conclusions qui vont suivre, quel pourrait être ce minimum en rapport avec les revenus positifs de l'État sans être exposé dorénavant à des déficits budgétaires permanents et de nature à conduire infailliblement la Grèce à de nouveaux désastres, même après un premier règlement de la Dette.

OPINION DE M. CARAPANOS

Dès l'année 1877, lors de la discussion générale du budget, à la séance du 25 mars, M. Carapanos était un des signataires d'un rapport de la minorité de la commission du budget. Dans ce rapport, raisonné et motivé, qui constatait un déficit de plus de 23 millions de drachmes pour l'année financière de 1877, les signataires déclaraient que l'État, se trouvant dans l'impossibilité de couvrir ce déficit au moyen de nouvelles économies sur un budget de 93 millions de drachmes de dépenses prévues, comme minimum, il y avait nécessité absolue de rechercher une partie de ces économies dans l'ensemble de la Dette publique.

« Nous croyons, disait la minorité, dont M. Carapanos faisait partie, que l'économie doit porter aussi sur le service des annuités de nos principaux emprunts en suspendant leur paiement. Si cela était encore insuffisant pour obtenir un équilibre budgétaire *positif* et *incontestable*, il faudra obtenir cette économie au moyen d'une autre combinaison financière relative à nos emprunts. Nous ne voulons pas que nos créanciers subissent la moindre perte « définitive » et irrévocable; nous entendons, au contraire, que les recettes que l'État pourra réaliser, par de nouvelles taxes, sans détruire les forces productives du pays, au delà des 70 millions de drachmes nécessaires à son entretien, soient affectées exclusivement au remboursement des annuités arriérées; » et M. Carapanos, dans le discours qu'il prononça alors, ajoutait : « Nous n'aspirons pas à vous capter en faveur » de notre manière de voir et nous ne vous proposons pas une » banqueroute. Nous cherchons, au contraire, à préserver la pa- » trie d'un pareil malheur. Qui a jamais blâmé un particulier » ou bien une nation qui, à la suite de malheurs irréparables, » se sont trouvés dans la nécessité de suspendre *provisoirement* » le paiement de leurs dettes?... Et la science et l'histoire nous » l'enseignent... » Ici, M. Carapanos, comme l'a fait M. Constantopoulo, dans son dernier discours, se réfère à l'autorité de M. Paul Leroy-Beaulieu, en citant l'opinion de l'éminent économiste, qui est reproduite à la page 93 de cette étude.

Depuis 1877, M. Carapanos ne s'est pas départi de sa manière de voir, et, rappelant les différents États de l'Europe qui se sont, eux aussi, trouvés dans des situations embarrassantes analogues à celle de la Grèce, pense, dans son dernier discours (en 1892) que la marche à suivre est tout indiquée.

« Nous ne devons pas, dit-il, en aucune manière, nous présenter aux étrangers et à nous-mêmes comme coupables de fraude ou d'impardonnable négligence et comme des débiteurs de mauvaise foi. Une semblable qualification enlèverait à la Grèce la base sur laquelle elle peut relever ses finances et son crédit. Nous devons sauver cette base en convainquant tout le monde que nous sommes *des créanciers* de bonne foi. Mais nous devons, en même temps, sauver aussi l'autre base, la base matérielle sur laquelle doit s'appuyer toute saine politique financière. Nous ne devons pas épuiser les forces du pays, mais nous devons les conserver dans un état qui permette à la société d'exercer son action pour activer le progrès nécessaire à notre relèvement financier. ».

Le moyen d'appliquer son système financier, M. Carapanos le trouve dans la division du budget de l'État en deux sections bien distinctes l'une de l'autre et indépendantes entre elles : « En budget de l'administration de l'État et en budget de la Dette publique. Nous devons attribuer à chacune de ces deux parties des recettes et des dépenses déterminées. Le budget de l'administration devra être rédigé sur la base d'un équilibre parfait et incontestable. Il devra être doté des ressources exigées pour l'administration régulière de l'État de manière à en assurer le fonctionnement. L'équilibre du budget de la Dette serait aussi immédiatement possible, si le service pouvait en être fait au moyen de la monnaie légale que nous avons et dont nous pouvons disposer. Mais ce service devant se faire, en grande partie en or, le budget du service de la Dette présentera un déficit égal à la différence de la valeur entre la monnaie légale et celle que nous devrons nous procurer. Toute notre attention doit se porter à faire disparaître ce déficit. Et nous ne pouvons combler ce déficit ni par une augmentation outrée de l'impôt, ni par les économies apportées aux dépenses des services établis. C'est par d'autres mesures que nous devons chercher à faire disparaître ce déficit et à équilibrer cette seconde partie du budget. »

Voilà, dans ses plus grandes lignes, le programme de M. Carapanos, qui est incontestablement un des hommes politiques les plus autorisés de la Grèce.

Mais il me semble que son système consistant à diviser le budget en deux sections, *sans admettre le principe de l'établissement en Grèce d'une commission* qui aurait alors seule charge d'administrer les revenus affectés à la Dette publique, donne lieu à plus d'une controverse.

Quels sont d'abord les gages que l'État affecterait au service de sa Dette? Y a-t-il intérêt pour lui ou pour les prêteurs à ce que le service de chaque emprunt ou de tous ensemble repose sur telle ou telle branche spéciale des revenus publics, qui y seraient consacrés par privilège?

Un historien de la Dette d'Angleterre, M. Hamilton, s'exprime ainsi à cet égard : « Dans les premiers temps de la dette fondée (fondée ici veut dire reposant sur un fonds, c'est-à-dire sur une branche de revenu spécialement affectée à ce service), on tenait un compte séparé de chaque emprunt et de la taxe mise pour en payer l'intérêt. Cette méthode parut par la suite être peu convenable : le produit de quelques taxes restait au-dessous de la somme qu'on en attendait, tandis que le produit d'autres dépassait cette somme, et la multiplicité des fonds engendrait la confusion. »

A un autre point de vue, qui s'applique particulièrement au programme de M. Carapanos, M. Paul Leroy-Beaulieu fait très justement remarquer que le système de diviser le budget en budget de l'État et en budget de la Dette publique, entraîne une grande complication dans les comptes, et, somme toute, il ne donne aux créanciers « qu'une garantie illusoire » ; car quel moyen ont les créanciers de contraindre l'État à maintenir irrévocablement les affectations primitives?

Qui garantit que les ministres, que les caprices d'une majorité parlementaire porteront sans doute un jour au pouvoir, respecteraient religieusement le système de M. Carapanos et ne feraient pas main basse sur les fonds du budget de la Dette?

Il est, en effet, certains États, tels par exemple la Turquie et l'Égypte, où cette méthode est pratiquée avec beaucoup de succès pour les intérêts des créanciers, avec moins de succès pour le relèvement économique des pays qui se sont aliéné le meilleur de leurs ressources. Mais dans lesdits États les revenus concédés sont administrés par des commissions internationales qui constituent des gouvernements à part à côté des gouvernements légitimes; serait-ce le même cas pour la Grèce? Je ne le pense pas.

« D'ailleurs, conclut M. Paul Leroy-Beaulieu, les États étant en définitive les *seuls juges de leur solvabilité*, les affectations spéciales cessent d'être une réalité quand ils tombent dans la détresse ou quand ils perdent la bonne foi. »

Cette objection me paraît irréfutable.

Après avoir résumé et critiqué le programme financier des hommes d'État les plus en vue de la Grèce, je dois maintenant exposer franchement et sans arrière-pensée ce qu'il faudrait faire, à mon avis, pour tirer le pays de la crise dans laquelle il se débat en ce moment.

CE QU'IL FAUT FAIRE

On a l'air de croire qu'entre l'exécution intégrale des engagements contractés et la banqueroute, — l'infâme banqueroute, — il n'y a pas de milieu.

Tel n'est pas mon avis. Je vois une autre solution qui me semble plus équitable et plus conforme à l'intérêt de la Grèce, voire même à l'intérêt de ses créanciers — tout au moins de ceux qui garderont leurs titres volontairement ou *involontairement*.

On s'accorde généralement à reconnaître que les emprunts contractés par la Grèce depuis dix ans, lui ont été consentis à des conditions ultra-onéreuses, pour ne pas dire usuraires. On sait que non seulement les prêteurs ont réalisé, à propos des émissions, d'énormes bénéfices, mais encore qu'ils ont pratiqué de larges saignées sur les sommes perçues effectivement par l'État, en lui fournissant eux-mêmes du matériel pour la guerre et pour la marine.

Les lecteurs n'ont qu'à se reporter aux tableaux dressés plus haut et ils verront que les 630 millions empruntés nominalement de 1879 à 1890 n'ont, en réalité, produit que 378 millions environ, sur lesquels une mince partie seulement est entrée dans les caisses du Trésor public.

Le reste a été affecté au service de la Dette et au payement des fournitures effectuées par les prêteurs eux-mêmes.

C'est ainsi qu'au jeune homme de bonne famille, auquel il prête de l'argent, l'usurier retient d'abord un intérêt exorbitant, ensuite le prix non moins exorbitant des crocodiles empaillés ou des carrières de pierre qu'il oblige son débiteur à lui acheter.

Le moment est venu pour la Grèce d'en appeler au tribunal de l'opinion publique européenne et de lui dire : « J'étais jeune; j'étais riche et inexpérimentée. Mes finances ont été mal gérées par des ministres prodigues et mégalomanes, entourés par des usuriers qui n'ont fait qu'encourager leurs goûts ou spéculer sur leur inexpérience; je veux bien payer un jour le capital de la dette que j'ai follement assumée, plus un intérêt raisonnable avec les meilleures garanties. Je veux bien renoncer définitivement aux sommes qui m'ont été jusqu'ici extirpées, mais dorénavant, je ne veux plus me laisser exploiter.

» Si encore je pouvais espérer tenir mes engagements à force d'ordre et d'économie, je me résignerais; mais en empruntant, je me rends impossible toute économie, puisque j'augmente mes charges et je serai acculé infailliblement à la banqueroute, hideuse et déshonorante. Je n'emprunterai donc plus. »

Voilà le langage que devraient tenir, au nom de leur pays, et sans risque de s'exposer au déshonneur, les hommes d'État de l'Hellade. Ils devraient comprendre que fermer les yeux, comme nous l'avons dit, n'écarte pas le danger et qu'il est temps de renoncer aux demi-mesures, aux atermoiements et aux replâtrages.

On connaît la nouvelle combinaison par laquelle on espère soulager le peuple grec et lui permettre de payer les arrérages de la dette dans les conditions primitives, après avoir opéré le retrait du cours forcé et créé de nouvelles ressources.

Mais, en fait, on retombe toujours dans les mêmes errements du passé qui consistent à faire le service des emprunts déjà contractés avec de nouveaux emprunts. Un écrivain distingué a jadis très spirituellement caractérisé cette politique d'un mot heureux : il a dit que ses fauteurs imitaient le chien qui se mord la queue.

Même avec de nouvelles ressources, la Grèce ne peut assurer le payement régulier des arrérages de sa dette dans les conditions primitives.

Il y a un fait brutal qui, de prime abord, frappe l'observateur, c'est la somme énorme, hors de toute proportion avec les ressources budgétaires du pays, que le service de la Dette publique exige aujourd'hui. Il est devenu impossible, nous l'avons prouvé, de surcharger davantage le contribuable sans s'exposer à tarir les sources mêmes de l'impôt.

Rappelons-nous les sages paroles de David Hume : « Quand les taxes sont poussées trop loin, elles détruisent l'industrie et font naître le désespoir. » Et n'oublions jamais celles de J.-B. Say : « Quand le sacrifice imposé au contribuable n'est pas compensé par l'avantage qu'il en retire, il y a iniquité. »

Le droit de puiser dans les poches du contribuable et de prélever chaque année une portion de ses revenus et de ses facultés individuelles est, comme l'a très bien fait remarquer M. René Stourm, strictement limité.

En ce qui concerne la Grèce, les limites raisonnables ont été depuis longtemps atteintes et même dépassées. Il serait dangereux d'aller plus loin.

C'est à cette pratique détestable, de payer les annuités des anciens emprunts avec de nouveaux emprunts, qu'il faut sans hésiter attribuer en première ligne les embarras financiers actuels. Y persévérer, ce serait aggraver une situation qui n'est nullement désespérée et à laquelle on peut remédier à condition d'aborder franchement les difficultés et de couper le mal dans la racine.

Pourquoi les créanciers de la Grèce ne comprennent-ils pas que la conclusion d'un nouvel emprunt, plus ou moins déguisé, ne ferait qu'empirer la condition de leur débiteur et diminuer, par conséquent, la solidité de leur gage? Veulent-ils, pour toucher à tout prix le prochain coupon, imiter l'exemple d'Esaü qui vendit son droit d'aînesse pour un plat de lentilles?

Si les créanciers actuels de la Grèce étaient en majeure partie des capitalistes en quête d'un placement, ils repousseraient l'idée d'un emprunt avec autant d'énergie qu'ils en mettent à la préconiser. Ils n'auraient pas laissé passer sans protester les exagérations de la politique étroite et emprunteuse de MM. Tricoupis et Delyannis. Ils n'auraient pas écouté impassiblement des anciens ministres comme MM. Constantopoulo et Carapanos, pour ne citer que ceux-là, dénoncer du haut de la tribune la multiplication illimitée des emprunts, le désordre et l'anarchie dans l'administration, le gâchis et l'absence de tout contrôle dans les finances, la violation de la constitution et des lois de comptabilité, etc., etc.

Mais ce n'étaient pas des prêteurs. C'étaient des entrepreneurs de prêts aux gouvernements embarrassés, n'ayant d'autre souci que celui de réaliser une bonne affaire à l'heure présente et ne se préoccupant du lendemain que pour repasser leur créance divisée en petites coupures au public. S'il n'en a pas été ainsi fait, c'est qu'ils n'ont pas réussi. Les voilà donc punis par où ils ont péché.

En réalité, les *quatre cinquièmes* environ des titres helléniques sont entre les mains des prêteurs originaux, des Banques grecques et du gouvernement lui-même qui n'a pu écouler la plus grande partie des obligations de certains emprunts, notamment du Pirée-Larissa, cette plaie gangrenée qui ronge morceau par morceau le budget de la Grèce.

Parcourez la cote des valeurs helléniques depuis le départ de M. Delyannis et le retour aux affaires de M. Tricoupis, le principal auteur de l'épouvantable gâchis actuel. A l'arrivée de M. Tricoupis dont on connaissait les procédés, les fonds grecs auraient dû logiquement baisser ou tout au moins rester stationnaires. Ils ont monté de 300 à 400 !

Plus tard, M. Tricoupis a parlé de remplir les engagements de l'État sans augmenter ses charges.

Logiquement, une hausse devait saluer les affirmations optimistes du premier ministre. Au contraire, les fonds grecs se sont mis à descendre peu à peu jusqu'à 315. Récemment on a annoncé à grand bruit le voyage de M. Théotoki à Londres pour y négocier un nouvel emprunt ; évidemment la baisse aurait dû s'accentuer, puisque la situation financière allait être aggravée par le nouvel emprunt. Pas du tout, les fonds grecs ont aussitôt gravi le cours de 380.

Ces apparentes anomalies s'expliquent fort bien. Les détenteurs des titres les gardaient tant qu'ils étaient quasiment assurés du paiement du prochain coupon, car ils savaient qu'entre les mains de M. Tricoupis, les emprunts servaient à payer les emprunts. Ils attendaient alors une reprise pour écouler leurs titres entre les mains de nouvelles couches d'acheteurs. Il y en a toujours dans le public qui se laissent prendre à cette manœuvre, cependant tant de fois dénoncée.

Depuis la chute de M. Tricoupis, — ou plutôt depuis sa désertion, car il avait avec lui la « majorité déclarée », — les fonds grecs se sont alourdis à 255 francs, parce que l'emprunt qu'il négociait était devenu impossible.

On sait aujourd'hui pourquoi MM. Tricoupis et Théotoki n'ont pu réussir à le conclure. Les banquiers de Londres voulaient se charger eux-mêmes du service de la dette pendant deux annuités, garder entre leurs mains les 70 millions nécessaires pour retirer le cours forcé et détruire eux-mêmes le papier-monnaie que le gouvernement devait leur remettre pour assurer le service de la dette. M. Tricoupis devait donc, au moment de la signature, remettre 12 millions de drachmes en papier-monnaie. Il n'avait même pas un million de papier-monnaie en caisse!

S'ils avaient été des prêteurs sérieux s'intéressant nécessairement à la position de leur débiteur, ils n'auraient pas attendu le dernier moment pour réclamer un contrôle sérieux et une gestion financière régulière. Mais ils ne s'inquiétaient que du résultat immédiat de leurs opérations et leur but était uniquement de racler des différences entre le taux des emprunts qu'ils émettaient et le prix d'émission de ces derniers.

Dans tous les cas, aujourd'hui, la Grèce ne peut faire face à ses engagements primitifs. Tant qu'elle s'y obstinera, ses tentatives pour retirer son papier à cours forcé n'auront qu'un effet temporaire.

Il faut le dire bien net, dans l'intérêt de chacun, de la Grèce et de ses créanciers : tout emprunt avoué ou déguisé ne peut qu'aggraver la situation.

La solution — elle est pénible, mais elle est nécessaire — c'est la réduction du service de la Dette.

La Dette doit être unifiée, ramenée à un type unique, avec un intérêt unique et proportionné aux ressources du pays.

Certes, nous comprenons les hésitations et l'anxiété patriotique de certains hommes d'État de la Grèce. Mais ils ne doivent pas pousser le scrupule jusqu'à épuiser leur pays et sacrifier son avenir à un amour-propre national bien mal compris.

« Un État ne doit jamais faire banqueroute, dit encore M. Leroy-Beaulieu, c'est-à-dire s'enrichir aux dépens de ses créanciers, suspendre le paiement ou réduire les intérêts de sa » dette en continuant de doter plus que largement ses services » publics. Cette conduite serait flétrie dans une nation comme » dans un particulier. *Mais il se peut que par des circonstances » diverses un État soit sur le point de tomber en faillite, et qu'il » soit obligé de proposer à ses créanciers, ou même de leur imposer » un concordat, une transaction* qui ménage les forces du débi- » teur et lui permette de se rétablir sans ruiner le créancier... » Il ne faut pas exagérer le point d'honneur. Un État peut être » amené, comme un simple particulier, au bord de la faillite. » L'indulgence du créancier est alors le meilleur moyen de » sauver la plus grande partie de la créance et peut-être de » regagner un jour le tout : c'est ici que trouve place la célèbre

» maxime *Summum jus, summa injuria :* où le droit absolu » devient nuisible même à ceux qui l'invoqueraient, l'équité a » sa place indiquée. »

Aujourd'hui la Grèce n'a plus le choix qu'entre ces deux alternatives : ou bien emprunter pour parer aux échéances les plus rapprochées, c'est-à-dire dépenser en pure perte quelques millions de plus, surcharger le service de la dette et subir d'ici peu un concordat humiliant et onéreux ; ou bien reviser tout de suite ses engagements et ramener le taux de ses emprunts à un chiffre normal et proportionné à ses moyens.

Il ne me reste plus qu'à tracer le plan qu'il convient de suivre, selon moi, pour y arriver.

CINQUIÈME PARTIE

LA MARCHE A SUIVRE

Avant de tracer le programme qu'il conviendrait de suivre, à mon avis, pour reviser la Dette, l'unifier et proportionner les charges qu'elle entraîne aux ressources de la Grèce, il ne sera peut-être pas inutile de rappeler brièvement les conclusions auxquelles nous a conduits l'examen attentif de la situation actuelle et la recherche impartiale des erreurs ou des fautes dont elle est la conséquence.

Nous avons constaté que l'exagération des charges fiscales, leur assiette défectueuse et leur perception arbitraire avaient enrayé le développement de la production agricole et du commerce extérieur de la Grèce, infligé aux classes laborieuses une vie de privations et de gêne et affecté le rendement même de l'impôt.

Il est donc impossible de surcharger le contribuable sans s'exposer à tarir les sources auxquelles le Trésor puise ses revenus.

Les sommes considérables arrachées au contribuable, nous l'avons vu, sont loin de lui avoir procuré un soulagement proportionné aux sacrifices qu'elles lui ont coûté. Elles ont été presque exclusivement employées au profit des créanciers *étrangers* de la Grèce, *qui leur a versé en annuités, intérêts, provisions, commissions, courtages, etc., des* SOMMES SUPÉRIEURES A CELLES QU'ELLE A EFFECTIVEMENT PERÇUES (voir p. 62).

L'obligation d'effectuer en or le service de la Dette, particulièrement pénible dans un pays neuf et dépourvu de capitaux, a poussé les hommes au pouvoir tantôt à contracter de nouveaux emprunts, tantôt à recourir à un procédé commode, mais désastreux : l'établissement du cours forcé ou l'augmentation du papier-monnaie en circulation.

Naturellement, le régime du billet non convertible en espèces à la volonté du porteur a produit ses effets habituels : le découragement de l'exportation, la balance du commerce toujours défavorable, l'instabilité du taux des changes étrangers ; à l'intérieur, le renchérissement des choses les plus nécessaires à la vie, le bouleversement des contrats, la ruine des créanciers, les faillites entraînant les faillites, le taux de l'intérêt s'élevant démesurément, et la propriété immobilière perdant plus de la moitié de sa valeur vénale; le Trésor subissant des pertes considérables par suite du recouvrement des impôts en monnaie dépréciée, etc..., toutes ces catastrophes devaient inévitablement s'abattre sur la Grèce comme sur tous les pays qui ont passé plus ou moins par le régime du cours forcé.

Il ne faut donc pas s'étonner que les tricoupistes aient attribué ou feint d'attribuer tout le mal à une crise monétaire et qu'ils aient confondu ou fait semblant de confondre l'effet avec la cause : les embarras du Trésor et la gêne des particuliers sont, en pareil cas, si intimement liés à la dépréciation de la monnaie qu'on est toujours porté à voir dans le retrait immédiat d'une quantité plus ou moins grande de billets à cours forcé un remède salutaire et définitif.

Malheureusement, comme l'a dit M. Léon Say à la tribune française, lors de la discussion du tarif des douanes, si l'on entre avec joie dans le régime du papier-monnaie, on en sort en pleurant. Les gouvernements se plient difficilement à l'augmentation des impôts et surtout à la diminution des dépenses, nécessaires pour réaliser l'équilibre budgétaire, équilibre indispensable pour sortir du cours forcé. Souvent, les résistances des particuliers intéressés à la hausse des prix paralysent les intentions les plus fermes. Enfin, il est presque impossible de sortir du cours forcé sans faire de nouvelles victimes, car on bouleverse encore les contrats à long terme, cette fois en sens inverse.

Pour retirer effectivement le papier-monnaie de la circulation, il faut supprimer l'action des causes qui ont provoqué inévitablement son émission. Il ne m'appartient pas d'insister sur la démonstration de cette vérité, et je me contente de renvoyer le lecteur aux économistes et aux financiers dont j'ai souvent déjà invoqué le témoignage.

Grâce à des *circonstances exceptionnelles* énumérées par M. Paul-Leroy-Beaulieu : le tempérament français, la prudence et la renommée de la Banque de France, les fermes résolutions du gouvernement manifestées dès le début, l'excédent des exportations sur les importations, le retrait brusque d'un milliard de la circulation pour payer l'indemnité de guerre et, je me permets d'ajouter, la reprise considérable des affaires, la France a pu traverser le régime du papier-monnaie, « sinon sans péril, du moins sans sérieux préjudice ».

Mais cette exception unique fait mieux ressortir le malaise supporté par l'Angleterre, les États-Unis, l'Autriche, la Russie, l'Italie, etc.... Pour m'en tenir aux deux pays les plus riches, quand l'Angleterre est restée vingt-quatre ans, les États-Unis, dix-sept ans, sous le régime du cours forcé, malgré les efforts de leurs gouvernements, la Grèce peut-elle espérer en sortir avant d'avoir équilibré ses recettes et ses dépenses budgétaires? D'ailleurs le souvenir de l'échec de M. Tricoupis, lorsqu'il a essayé prématurément de retirer une partie du papier-monnaie en circulation, devrait dissiper cette illusion. Emprunter de nouveau pour guérir le malaise causé par des emprunts excessifs; accroître les dépenses pour guérir le malaise causé par des dépenses excessives; s'engager à verser dorénavant à ses créanciers un peu plus d'or parce qu'on ne peut arriver à se procurer sur le moment un peu moins d'or..., ne suffit-il pas d'énoncer ces diverses propositions pour en démontrer l'absurdité?

Cependant c'est le raisonnement que M. Tricoupis a tenu pendant longtemps; c'est celui qu'il a longtemps fait prévaloir; c'est pour le défendre que M. Law, délégué du gouvernement anglais, a rédigé son fameux rapport, c'est enfin pour le reprendre que M. Sotiropoulo l'a tant de fois et si bien réfuté!

C'est pourquoi rechercher les moyens de réaliser *tout de suite et sincèrement* l'équilibre budgétaire, telle doit être, suivant moi, la première préoccupation des hommes d'État grecs et de ceux qui sont disposés à leur venir en aide.

C'est dire que je vais tout d'abord examiner : 1° les charges irréductibles du budget pour les besoins indispensables du gouvernement ; 2° les ressources positives et certaines qui alimentent actuellement ce budget en dehors de tout expédient financier. Alors seulement nous pourrons déterminer, en connaissance de cause, les conditions dans lesquelles la Grèce pourra continuer à remplir dans l'avenir ses engagements envers ses créanciers.

Auparavant je voudrais présenter une simple observation :

Ne serait-il pas logique et tout naturel de nommer par simple décret royal une grande commission financière composée de vingt à vingt-quatre membres compétents ? Cette commission, outre les gouverneurs de la Banque Nationale et les directeurs des autres banques privilégiées, voire même des autres banques établies en Grèce et intéressées à sa prospérité, comprendrait des hommes absolument indépendants et autorisés, dont on solliciterait l'adhésion. Elle aurait pour objet de réunir, d'examiner et d'étudier impartialement toutes les solutions qui ont pu être jusqu'à présent proposées, soit par des ministres, soit par des hommes politiques de toute nuance, soit par des particuliers pour conjurer la crise. Une fois cette étude terminée, cette commission spéciale rédigerait un projet définitif qui serait soumis à la discussion du Parlement et à la sanction royale.

De cette façon, l'opinion publique éclairée sur les véritables causes de la crise actuelle et sur les moyens pratiques d'en sortir encouragerait les pouvoirs publics à briser les résistances intéressées et à dégager le pays des embarras financiers qui entravent sa marche en avant et son développement progressif.

Avant tout, il est urgent de combattre de front les préjugés de ceux qui se révoltent à la pensée de voir la Grèce reviser les engagements qu'elle a contractés avec ses créanciers.

En la circonstance actuelle, où il s'agit d'une question si grave je crois devoir consulter encore une fois le maître de la science des finances, M. Paul Leroy-Beaulieu, et voir ce qu'il pense du crédit public. J'ouvre donc le livre II du deuxième volume de son remarquable traité et je lis au « chapitre premier » ce qui suit :

« Le crédit d'un État ressemble assez à celui d'un fils de famille ayant une pension fixe et de riches parents ; de même qu'on ne sait quel sera le degré de patience et de largesse des parents de ce fils de famille, on ne peut prévoir au juste quel sera le degré de *patience* et de *largesse* des contribuables ou de leurs représentants. Personne ne peut avoir une connaissance exacte des ressources d'un État; on n'en a jamais qu'un pressentiment vague. »

Au point de vue de la distinction entre le crédit public et le crédit privé, l'éminent économiste fait remarquer :

» Le particulier emprunteur peut toujours être contraint de » payer les intérêts stipulés et de rembourser au moment con- » venu... L'État emprunteur est dans une position tout à fait » différente : il est bien lié moralement, mais il n'y a pas de » sanction positive aux engagements qu'il a pris. Il est lui-même » LE JUGE DE SA SOLVABILITÉ : on ne peut le traîner dans le pré- » toire : c'est lui-même qui examine ses ressources et ses dé- » penses et qui décide s'il peut faire face à ses charges... ou S'IL » EST EN DROIT... D'IMPOSER A SES CRÉANCIERS UN CONCORDAT qu'ils » ne sont pas LIBRES DE NE POINT ACCEPTER. Plusieurs fois ces » sortes de compromis, OBLIGATOIRES POUR LES CRÉANCIERS DE » L'ÉTAT, se sont présentés dans l'histoire des finances des na- » tions contemporaines. Rien ne sert de dire qu'il y a là UNE » INJUSTICE et la VIOLATION D'UN CONTRAT. Ces phénomènes pro- » viennent de la force des choses. »

Tel est, par exemple, aujourd'hui l'état du Portugal. L'Italie et l'Autriche, avec leurs lourds impôts sur les fonds publics, ne pourraient-elles pas être accusées aussi de déloyauté?

Et quand on parle de reviser des engagements contractés à des conditions on ne peut plus usuraires et de ramener à un taux raisonnable les intérêts d'une dette dont le capital effectif a déjà été, comme je l'ai prouvé à la page 63, plus que remboursé par la Grèce dans l'espace DE TREIZE ANS, s'agit-il réellement d'un acte déloyal? Je défie tout critique impartial de le soutenir sérieusement. Il s'agit, au contraire, de permettre à une nation de respirer, de se relever dans la mesure du possible en secouant le fardeau dont la coupable légèreté de ses ministres l'ont chargée et de sauvegarder, à l'avenir, les intérêts si gravement compromis de ses créanciers eux-mêmes.

L'ÉQUILIBRE BUDGÉTAIRE

Pour apprécier dans quelle mesure la Grèce peut continuer le paiement régulier des intérêts réduits de sa Dette réglée, il importe de connaître exactement l'importance non pas des revenus prévus par les budgets présentés au Parlement, mais des revenus *effectifs*, ceux dont la perception a été réellement effectuée ces dernières années sur la base des impositions existantes et qu'il n'est pas permis de rendre plus lourdes. Ce n'est qu'à cette condition qu'on pourra satisfaire les besoins de l'État et juger dans quelle mesure le pays peut faire face à ses engagements sans plus emprunter et sans recourir à des expédients financiers toujours funestes, même pour les créanciers.

Les recettes ordinaires du budget grec, effectivement encaissées pendant la dernière période de six ans, nous donnent les chiffres suivants :

	Recettes effectives	Arriérés	
1887.	82.849.805	6.897.598	= 7.68 0/0
1888.	89.551.394	5.377.508	= 5.64 —
1889.	83.731.591	7.106.943	= 7.82 —
1890.	79.824.101	6.891.413	= 7.95 —
1891.	89.004.845	9.573.592	= 8.50 —
Les recettes pour l'année 1892 ont été évaluées à 103 millions 550.792 drachmes. En supposant que les arriérés présenteront un maximum de 10 0/0.	93.550.792	10.000.000	= 10 » —
ENSEMBLE	518.512.528	45.847.054	
EN MOYENNE	86.420.000	7.640.000	= 8.85 —

Pour avoir donc une année sérieuse de revenus ordinaires du budget, nous ne devons prendre pour chiffre certain des recettes que la moyenne de 86.500.000, chiffre que M. Carapanos reconnaît aussi comme réalisable, sous réserve toutefois de porter à un compte spécial de l'actif du budget grec les plus-values qui ne manqueraient pas de se produire dans le rendement des impôts et des encaissements sur les arriérés de différents exercices, dont le recouvrement, d'après l'avis autorisé de M. Carapanos, dépasserait 4.000.000 par an.

Voyons maintenant quelle est l'importance des sommes irréductibles nécessaires pour le fonctionnement régulier des différents services de l'État, sans tenir compte des charges que le service de la Dette publique lui impose.

A cet effet nous n'avons qu'à prendre les chiffres reconnus irréductibles par M. Law, lui-même, dans l'ordre suivant :

ÉVALUATIONS DES DÉPENSES POUR 1893

Allocations et pensions	5.028.594
Liste civile (famille royale)	1.325.000
Chambre des députés	504.258
Département des Affaires étrangères	1.927.368
— Justice	4.695.764
Département de l'Intérieur :	
1° Administration générale	3.885.930
2° Travaux publics ordinaires	519.840
3° Postes et télégraphes	2.378.815
4° Routes et chemins vicinaux	1.550.000
5° Divers	611.511
Département de l'Instruction publique et Cultes	7.271.972
— Guerre	14.582.466
— Marine	5.777.874
— Finances	11.388.894
Total	61.428.286
En ajoutant à ce chiffre la somme nécessaire, annuellement, en vertu d'engagements existants pour l'achèvement des chemins de fer en construction, somme évaluée à	8.571.714
Nous avons un total de	70.000.000

Sur cette base, il resterait un excédent de 16.500.000 drachmes que nous portons à un compte spécial pour le service de la Dette, auquel viendraient s'ajouter également les plus-values certaines du rendement des impôts dans une proportion minima de 6 millions de drachmes, plus la rentrée sur les arriérés des différents exercices, évaluée à 4 millions de drachmes par an au moins, ce qui nous donnerait un total de 26.500.000 drachmes d'excédent pour le service de la dette unifiée.

UNIFICATION DE LA DETTE

A la page 63 on a vu que la Grèce a déjà déboursé en or, dans l'espace de treize ans, plus que les sommes qui lui ont été effectivement prêtées. Cela ne veut pas dire qu'elle s'est acquittée de sa dette vis-à-vis des porteurs de titres des fonds grecs. Mais il ne serait pas équitable, étant données les conditions onéreuses dans lesquelles cette dette a été contractée, de prendre comme base dans une conversion et unification de tous les emprunts, tant extérieurs qu'intérieurs, le prix nominal des titres existants.

Aujourd'hui le cours moyen de ces titres est bien au-dessous du capital nominal. Il est à 225 francs et les porteurs sont fatalement exposés à une grande perte si l'état actuel vient à se prolonger.

La somme totale de la Dette générale, déduction faite des emprunts en cours forcé et en monnaie fiduciaire, s'élevant actuellement à 735 millions, chiffre rond, ceci représente 1 million 470.000 titres de 500 francs.

En partageant la perte entre le cours actuel et le prix nominal, il résultera une perte seulement de 135 francs pour les créanciers, ce qui ramènera la valeur de chaque titre au prix de 365 francs, cours maximum lors du payement du dernier coupon en or, et réduira la dette générale à un total de 536.550.000 francs.

En supposant qu'on adopte la combinaison que M. Goschen a appliquée à l'Égypte, combinaison que M. Paul Leroy-Beaulieu recommande comme très ingénieuse, on procéderait à une conversion générale de tous les emprunts tant extérieurs qu'intérieurs, par la création d'un titre uniforme avec réduction de l'intérêt à 4 0/0. Seulement le capital ne recevrait au début que 3 0/0. Le 1 0/0 restant servirait à racheter à la Bourse des titres de cette dette unifiée.

L'annuité de 3 0/0 restant invariablement affectée au service de la dette, la réduction du capital par les rachats à la Bourse aurait pour conséquence l'augmentation du taux de l'intérêt qu'on pourrait limiter à un maximum de 5 0/0.

Au-dessus de 5 0/0 le reliquat de l'annuité en question pourrait être joint à notre 1 0/0 pour effectuer le retrait d'un plus grand nombre de titres de la circulation.

On voit qu'il ne s'agit pas d'une faillite, mais d'une réduction qui aurait pour effet de porter graduellement l'intérêt à 5 0/0.

En appliquant à cette dette un intérêt de 3 0/0 pour une annuité IRRÉDUCTIBLE, nous aurons un service annuel de 16 millions 096.500 francs, plus 5.365.500 francs montant du 1 0/0 pour le rachat annuel à la Bourse des titres de la dette unifiée.

Le budget laissant un excédent de 16.500.000 francs, sans tenir compte des plus-values du rendement des impôts et des rentrées des arriérés évaluées à 10 millions, l'État serait à même de faire face aisément audit service. Le surplus servirait à faire face à la différence du change pour le paiement en or des intérêts à l'extérieur.

D'un autre côté, dans le budget des dépenses des sommes importantes sont affectées à l'achèvement des chemins de fer et autres travaux en construction. Comme d'une année à l'autre cette dépense ira en diminuant, les sommes non dépensées serviraient avec tout autre excédent au retrait graduel du cours forcé et contribueraient ainsi à l'amélioration du change. Il en résulterait une diminution de la perte sur la remise en or des sommes nécessaires pour payer les intérêts à l'étranger.

Le rachat à la Bourse de titres sur le produit de 1 0/0 dont il a été question plus haut ne commencerait qu'après le retrait définitif du cours forcé, lorsque d'ailleurs l'achèvement des travaux en construction permettrait de porter les 8.500.000 francs affectés à cet usage au compte spécial des plus-values et autres excédents budgétaires.

D'après cette méthode, la situation des porteurs des titres commencerait à s'améliorer du jour où les excédents permettraient d'opérer le rachat annuel à la Bourse, de titres de la dette unifiée. Au fur et à mesure de ces rachats le capital de la dette diminuant de 5 millions et demi environ et l'annuité des intérêts restant invariable, les titres en circulation verraient leur intérêt 3 0/0 augmenter graduellement d'une année à l'autre jusqu'à 5 0/0 dernière limite.

De plus, afin d'atteindre au plus tôt cette limite, il serait convenu que tout excédent ultérieur provenant de l'amélioration de l'administration financière, du développement croissant du rendement des impôts, conséquence du développement économique du pays, serait porté pour la plus grande partie à un compte spécial d'amortissement de la dette unifiée.

Ces résultats, d'après le système proposé, pourront être rapidement obtenus sans qu'on ait à toucher immédiatement à l'assiette actuelle de l'impôt, ni au système monétaire du pays, ni à l'organisation générale des Banques d'émission.

LES RÉFORMES

Les critiques que j'ai dirigées contre le système fiscal de la Grèce démontrent la nécessité de le remanier. Mais il est impossible, nous l'avons vu, d'augmenter les impôts déjà existants;

les dégrèvements les mieux conçus et les plus rationnels ne produiront pas tout de suite des plus-values et le Trésor en a cependant le plus grand besoin; de nouveaux impôts sont toujours très lourds; il est difficile, pour ne pas dire impossible, de prévoir même très approximativement leur rendement et dans la situation actuelle, les hypothèses et les conjectures ne sont pas de mise. Je renvoie à la page 109 l'examen de quelques innovations qu'on pourrait tenter tout de suite, à la condition de les aborder avec la plus grande prudence.

J'en dirai autant de toute tentative pour réformer le système monétaire et changer l'organisation des banques d'émission.

Que les hommes d'État de la Grèce mettent à profit le répit forcé que leur laissent les circonstances pour aborder la solution de ces importants problèmes et pour les étudier sous toutes leurs faces; qu'ils se tiennent prêts à agir, c'est leur devoir. Mais aujourd'hui la Grèce ne peut se payer le luxe de tâtonnements toujours coûteux et d'expériences qui ne vont jamais sans troubler, plus ou moins, le marché des fonds publics et les arrangements des particuliers. A chaque jour suffit sa tâche.

Il est évident que l'économie la plus stricte s'impose dans le dépenses, mais dans cette voie, il importe également d'être circonspect. Je ne saurais mieux faire que de citer les sages paroles de M. Constantopoulo, ancien président du Conseil, lors de la discussion du budget de 1893. Après avoir rappelé que le premier devoir de tout État est le maintien de l'ordre public, la protection de la vie, de l'honneur, des biens des citoyens, la prompte et impartiale distribution de la justice, l'orateur a déclaré que l'accomplissement de ce devoir « aurait eu des suites financières bien plus utiles que les tristes économies auxquelles on a cru devoir procéder. Considérez, s'est-il écrié, que des milliers de travailleurs sont forcés d'abandonner leurs travaux. Considérez les dépenses de l'État pour l'arrestation des contumaces, pour le jugement des affaires pénales devant la justice criminelle, pour l'expiation des peines dans les prisons. Ajoutez-y les pertes que fait la production par suite du manque de toute sûreté, les pertes du commerce, de l'industrie, du crédit par le retard apporté dans la distribution de la justice, et vous admettrez sans hésitation que les dommages, provenant de l'absence de la sûreté publique et de la justice, sont cent fois plus grands que les économies que nous allons faire. »

Il faut aussi redouter la désorganisation des services administratifs par des réductions intempestives du personnel ou des sommes nécessaires pour l'entretien des routes et autres travaux d'utilité publique existants.

En effet, il est très difficile, il est même impossible de réduire subitement les dépenses habituelles; il est très difficile dans un État de restreindre les travaux publics dans des proportions considérables, parce que généralement les sommes consacrées à cet usage ont pour but d'entretenir des ouvrages achevés, qui dépériraient si on ne les réparait avec soin, ou bien d'achever des ouvrages commencés, qui resteraient sans utilité et ne tarderaient pas à se détériorer si on ne les terminait.

Mais il faut s'abstenir d'entreprendre de nouveaux travaux.

Il n'est pas non plus possible de licencier une grande partie des employés de l'État parce que tous les services sociaux seraient bouleversés, et qu'en outre les fonctionnaires ainsi congédiés par grandes masses resteraient longtemps sur le pavé avant de trouver un nouvel emploi, — si toutefois ils étaient capables d'en trouver un.

RETRAIT DU PAPIER-MONNAIE

Je reviendrai peut-être un jour, si cela me paraît utile, sur les réformes qu'on pourra, qu'on devra tenter dans l'administration générale de la Grèce, surtout dans l'administration financière. Aujourd'hui, je dois mettre en pratique, moi-même, les principes pour ainsi dire « classiques » que je préconise et courir au plus pressé.

Après l'équilibre budgétaire et l'unification de la dette, le premier problème à résoudre c'est le retrait du papier-monnaie. J'ai déjà dit un mot des difficultés qu'il soulevait; je crois de mon devoir d'exprimer mon avis sur cette délicate opération.

Je rappelle pour mémoire qu'il ne faut rien tenter avant d'avoir établi l'équilibre sincère du budget.

Une fois cet équilibre obtenu, faut-il retirer peu à peu du papier de manière à revenir au pair ou aux environs du pair; rétablir les paiements en espèces, échanger à bureau ouvert et transformer le papier-monnaie en monnaie de papier, c'est-à-dire en papier convertible en espèces à vue et au gré du porteur ?

Cette méthode a été suivie par l'Angleterre après les guerres contre la Révolution et l'Empire français. En 1819, un *act* passé par les soins de Robert Peel établit la reprise des paiements en espèces à 4 0/0 de perte au change contre le papier, à partir de février 1820 ; à 2 1/2 0/0 à partir du mois d'octobre de la même année ; à 1/2 0/0 à partir du mois de mai 1821 ; à vue, à partir du 1er mai 1823. Mais la Banque d'Angleterre devança le terme fixé et reprit le paiement au pair le 1er mai 1821.

Cette méthode a l'avantage de calmer les impatiences du public et de ménager les transitions, mais elle a un grave inconvénient : c'est d'étrangler les débiteurs au fur et à mesure que la circulation se raffermit.

En effet, celui qui a contracté une dette au moment où la monnaie était dépréciée est obligé de la payer en bonne monnaie et il perd toute la différence absolument comme le créancier qui, dans le début avait prêté de l'argent en bonne monnaie et a été remboursé en monnaie dépréciée.

On ne peut pas dire qu'il y a compensation, puisque ce ne sont pas certainement les mêmes personnes qui se trouvent liées au commencement et à la fin du régime du cours forcé par les mêmes obligations. En tout cas, l'énorme perte subie par les débiteurs entraîne des faillites et des cessations de paiements qui justifient le mot de Léon Say, rapporté plus haut : « On entre avec joie dans le papier monnaie, mais on en sort en pleurant ».

J'aimerais mieux qu'on s'en tînt à la méthode suivie il y a une cinquantaine d'années par l'empereur de Russie, Nicolas Ier.

L'empereur Nicolas fonda d'abord une Banque impériale de dépôts et de circulation, puis il déclara, le 1er juillet 1839, que l'ancien rouble de papier serait échangé contre espèces ou contre billet de la Banque impériale au cours de 3 1/2 contre un, c'est-à-dire au cours du jour de la déclaration.

La transformation a eu lieu sans secousses et sans altération des contrats. Pourquoi, en Grèce, ne pas adopter ce système ?

Seuls quelques spéculateurs seraient fondés à s'en plaindre, non parce qu'ils y perdraient de l'argent, mais parce qu'ils perdraient l'occasion de spéculer.

Est-il nécessaire de faire remarquer que le système de l'empereur Nicolas a l'immense avantage d'être le moins onéreux pour le Trésor public et le plus rapide ?

C'est une raison pour qu'il soit patronné par les créanciers étrangers; plus vite on sera sorti du cours forcé, plus vite ils verront accroître l'intérêt de la Dette unifiée.

Quant aux intérêts particuliers qui seront inévitablement lésés, ils devront comprendre que de toute façon la Grèce ne peut échapper à cette douloureuse extrémité. L'établissement du cours forcé laisse toujours après lui des victimes, il faut bien en prendre son parti et opter pour la solution la moins pénible.

D'ailleurs, il est bon de noter que ceux qui en souffriront le plus seront vraisemblablement ceux-là mêmes qui ont bénéficié pendant la crise de l'élévation des prix et de la gêne du plus grand nombre. La confiance une fois revenue, les capitaux reparaîtront et le travail reprendra avec une nouvelle activité.

LES BANQUES PRIVILÉGIÉES
ET LE
CONTROLE FINANCIER

Tout en repoussant l'idée d'une ingérence étrangère dans les finances grecques, la nécessité de pourvoir à l'avenir la gestion gouvernementale d'une tutelle financière n'en est pas moins impérieuse, à la suite du règlement définitif de la Dette. Mais cette tutelle ne peut et ne doit être qu'une tutelle essentiellement nationale exercée par la Banque nationale et les deux autres banques privilégiées. Elles serviraient à l'avenir de seuls intermédiaires et de garants naturels entre l'État et ses créanciers à l'exclusion de tous ces établissements agioteurs et parasites, devenus depuis quelques années les sangsues de ce malheureux pays.

Les Banques privilégiées, tout en conservant leur caractère absolument privé et indépendant, pourraient, comme simples banquiers de l'État, être chargées du service et de la régie de la Dette publique; de la centralisation des recettes du Trésor; de la capitalisation des plus-values budgétaires et de leur affectation au retrait du papier-monnaie sous la surveillance du gouvernement. Elles toucheraient, naturellement, une commission pour chacune de ces diverses opérations.

Elles ne pourraient faire au gouvernement des avances pour un montant total dépassant une somme à déterminer. Le rôle naturel des banques en Grèce, comme partout, n'est pas de prêter indéfiniment de l'argent au gouvernement, mais de favoriser et d'encourager le commerce, l'agriculture et l'industrie.

Les banques privilégiées, outre leurs succursales dans le royaume, pourraient aussi ouvrir des succursales en Europe, tant pour le service de la Dette que pour la commodité de leurs propres opérations.

S'il est d'ailleurs nécessaire, je reviendrai plus tard sur cette importante question, dont la solution peut avoir sur l'avenir du pays des conséquences incalculables.

L'action des banques ne suffirait pas à elle seule à guérir les maux qui résultent de la déplorable administration financière que nous avons eu trop souvent l'occasion de critiquer.

Puisque la manie des emprunts est la principale cause de la crise actuelle, il faut renoncer à emprunter. Puisque le mal a été aggravé par l'exagération des charges fiscales, il faut renoncer à augmenter constamment les impôts. Puisque tout le monde reconnaît que l'arbitraire, le favoritisme, les compromissions parlementaires, le relâchement de la discipline dans l'armée et dans la police, l'injustice, l'impunité et le manque de sécurité publique entravent tout progrès et s'opposent au développement normal de la richesse publique, il est évident que la volonté qui a créé ces obstacles artificiels peut les faire disparaître.

Bref, le salut des finances est plutôt une affaire d'énergie que d'intelligence et ce n'est point par des expédients tricoupistes ou sotiropoulistes qu'on y peut pourvoir, c'est par une volonté ferme, un régime sévère, poursuivi avec patience pendant plusieurs années consécutives.

Sous ce rapport le roi seul peut, s'il voulait « TAPER DU PIED » et user enfin de ses prérogatives, tirer la Grèce d'affaire.

Il suffirait de se décider à donner au pays un gouvernement, surtout un ministre des finances éclairé, énergique, mais doué de sang-froid, de bon sens et capable de mettre en exécution le programme que Roi et Gouvernement auraient arrêté d'un commun accord, sur la base des études préliminaires faites par les voies et moyens divers dont il a été question plus haut.

Quant à de nouvelles réformes, inutile d'y revenir et de me répéter; il faut éviter, surtout en ce moment-ci, tout projet incohérent pouvant toucher à l'ordre des choses actuel avant d'obtenir et de restaurer l'équilibre budgétaire.

Les seules réformes recommandables sont celles qui ne touchent pas à l'organisme actuel; c'est, par exemple, la réforme du monopole du tabac et l'amélioration du fonctionnement des autres monopoles existants : des pétrole, papier à cigarettes, cartes à jouer, allumettes, etc.

Le monopole du tabac.

La création du monopole du tabac est préconisée par tous les chefs de parti comme moyen d'accroître les revenus budgétaires.

Parmi tous les impôts, c'est assurément l'impôt le plus inoffensif, en même temps que le plus productif. Sa légitimité est reconnue aussi par tous les économistes.

Actuellement, cet impôt se perçoit en Grèce sur la coupe du tabac, opération qui se fait dans des ateliers de l'État. Cette contribution porte uniquement sur la quantité hachée et empaquetée, sans distinction de la qualité du contenu.

Ce système, peu productif pour l'État, présente cependant une certaine garantie pour la sécurité de la rentrée de l'impôt, parce que la vente du tabac fabriqué ne peut se faire qu'en paquets entourés d'une banderole délivrée par le Gouvernement.

Il s'agit donc maintenant d'abolir ce système et d'adopter la forme du véritable monopole.

Je crois que la forme la plus convenable pour la Grèce, pays qui produit du tabac en feuilles bien au delà de sa consommation intérieure, serait celle de la Régie coïntéressée qui fonctionne en Turquie sur la base du régime de la liberté absolue de la culture.

Une Société particulière qui aura le privilège de l'exploitation de ce monopole aura toujours une gestion plus habile que les fonctionnaires de l'État qui possède rarement, surtout en Orient, une organisation perfectionnée. L'exploitation par l'État, dans un pays comme la Grèce, où le favoritisme et les marchandages parlementaires se donnent libre carrière, aurait en outre l'inconvénient inévitable de faire envahir les emplois par un personnel d'oisifs protégés par tel ou tel député, personne d'ailleurs rarement le plus capable et le plus intelligent.

Il importe aussi, au plus haut degré, que la création de ce monopole ne constitue pas une anticipation de ressources pour le Gouvernement; il faut que le Gouvernement ne se fasse pas livrer d'avance par la Société concessionnaire un capital représentant, pendant plusieurs années, la totalité du produit de la ressource que le monopole lui assurerait; il doit se contenter, sans se faire verser aucune avance, du paiement régulier et annuel de la redevance qui sera fixée à son profit, tout en se réservant aussi une part légitime dans les bénéfices nets de l'exploitation, sinon « l'État mangera son blé en herbe ».

Dans une étude plus spéciale, je me réserve d'exposer quel est le système qui me paraît le plus convenable pour la création du monopole du tabac en Grèce, au point de vue de son exploitation et de son organisation.

On ne doit pas regarder l'établissement d'un monopole du tabac, dans un pays, qui produit beaucoup plus qu'il ne consomme, comme une simple routine, et croire qu'il suffit de copier le système et les règlements qui régissent ces entreprises en France, ou en Italie, ou ailleurs, pour réussir en Grèce.

La question du tabac, dans les pays qui le produisent et en exportent des quantités considérables, se présente sous trois formes d'exploitations différentes et bien distinctes l'une de l'autre, dont il faudra bien tenir compte, et qui doivent être étudiées, chacune à part, parce qu'elles ont chacune un caractère particulier.

Il y a tout d'abord l'exploitation de la culture, où il s'agit de concilier l'intérêt de la classe des cultivateurs, dont le nombre est considérable, avec celui de la Régie; il y a ensuite l'exploitation purement fiscale qui comprend la fabrication exclusive du tabac par la Société du monopole; et enfin celle du commerce d'exportation du tabac, fait soit directement par les producteurs, soit par des négociants ou commissionnaires, soit par la Société du monopole elle-même.

C'est à ce triple point de vue que je me réserve d'étudier prochainement cette question, que les hommes au pouvoir en Grèce devront envisager avec l'attention qu'elle mérite.

Pétrole, Papier à cigarettes, Allumettes et Cartes à jouer.

L'exploitation du monopole du pétrole mieux organisée qu'elle ne l'est aujourd'hui pourrait produire une plus-value d'au moins UN MILLION de drachmes.

Il n'y a pas longtemps, un entrepreneur sérieux s'est présenté au Ministère des Finances, sous Tricoupis, et lui a soumis deux propositions, laissant au ministre le choix :

1° Fournir au gouvernement des pétroles russes 30 0/0 meilleur marché que les pétroles américains, qu'une maison de Londres lui vend aujourd'hui à 6 fr. 25 c. — 6,50 cif Pirée, le pétrole russe ne le cédant en rien aux qualités extra des meilleures marques américaines.

2° Avoir pendant vingt-cinq ans le privilège de l'exploitation de ce monopole en Grèce moyennant une redevance de 500.000 francs au-dessus du maximum du revenu annuel que ce monopole a produit jusqu'à présent à l'État, avec l'engagement de vendre au public 2 francs au-dessous du prix actuel.

Le soumissionnaire, qui s'obligeait à construire à ses frais des dépôts et des réservoirs comme aussi des wagons-réservoirs pour le transport sur les différents centres du royaume, s'engageait aussi à rétrocéder à titre gratuit à l'État tout son matériel à l'expiration de son privilège de vingt-cinq ans.

On m'a affirmé, à Athènes que M. Tricoupis n'a même pas daigné examiner ces propositions, dont le dossier se trouve dans les archives du Ministère des Finances, pour la simple raison que la fourniture des pétroles américains est confiée à une forte maison de Londres qui a des attaches étroites avec certains personnages de son entourage.

Je ne parle pas de cette affaire pour appuyer la proposition du dit solliciteur. Cela ne me regarde pas. Je constate seulement que l'administration de ce monopole par l'État, mieux organisé, est susceptible de rapporter beaucoup plus qu'il ne produit aujourd'hui ; car il n'est pas admissible que les particuliers, qui offrent 500.000 francs au-dessus de la plus forte somme que cette exploitation a rapportée jusqu'à présent à l'État, le font dans l'intention de perdre de l'argent pendant vingt-cinq ans, en s'engageant en même temps à vendre meilleur marché.

Ce que je dis du pétrole peut s'appliquer également à la

fourniture des autres articles monopolisés, tels que : papier à cigarettes, cartes à jouer et allumettes.

Enfin, il serait temps de songer à la mise en valeur de la Thessalie. Cette province, comme je l'ai dit à la page 30, est en effet la plus riche de tout le royaume, mais ses cours d'eau demandent à être régularisés afin de ne plus occasionner des inondations pendant l'hiver et de fournir de l'eau à l'irrigation pendant l'été. — Si par la mise en valeur de cette magnifique province on arrive à produire dans le pays la quantité de céréales qu'on importe annuellement (voir page 29) le pays y gagnera au point de vue de l'amélioration de sa circulation monétaire.

Pour mémoire, je rappelle qu'il est urgent d'étudier les meilleurs moyens d'attirer en Grèce le plus grand nombre possible de touristes.

Puisque ce travail est en quelque sorte une réponse au rapport de M. Law, il faut bien que je dise un mot de l'impression générale qu'il m'a causée.

Ce rapport a été l'objet d'insinuations malveillantes, injustes à mon avis.

Il a jugé inutile de rechercher les responsabilités, il a glissé rapidement sur ce qu'il a appelé par euphémisme « la faiblesse et l'imperfection de l'administration », soit; mais il dit lui-même que « distribuer le blâme n'est pas une étude profitable pour les capitalistes étrangers, » car il ne s'inquiète nullement des intérêts ou de l'avenir de la Grèce elle-même.

Il pose ainsi la question : « Le gouvernement grec ne peut, sans l'assistance étrangère, remplir ses obligations. Assistance étrangère, cela veut dire un emprunt. Les capitalistes et les créanciers actuels sont-ils intéressés à soutenir cet emprunt? Quel en est le montant nécessaire *et le pays peut-il supporter un nouveau poids mort sur son revenu?* »

Un peu plus loin, il dit que l'emprunt ne doit pas grever l'avenir « au delà des limites de l'endurance » et il reconnaît que des remèdes de ce genre ont toujours de graves inconvénients ». On voit qu'il n'y va pas par quatre chemins.

Quant aux contradictions et aux omissions qu'on relève, —

et que j'ai moi-même relevées dans son rapport, — on aurait mauvaise grâce à les lui reprocher après les déclarations qu'il a spontanément formulées dans sa lettre-préface adressée à M. Egerton, ministre plénipotentiaire d'Angleterre à Athènes, lettre reproduite en tête de son rapport :

« La valeur d'un rapport comme le mien, dit-il, dépend de la perfection et de la précision des comptes et des statistiques officielles qui m'ont été fournies et des moyens dont j'ai disposé pour observer les conditions économiques. C'est avec regret que je dois constater que, le temps me faisant défaut pour voyager dans les provinces et la connaissance de la langue me manquant absolument, j'ai dû me former une opinion sans pouvoir l'éclairer par mes observations personnelles et indépendantes et j'ai dû me borner à étudier les documents officiels et à recueillir les impressions des personnages que j'ai rencontrés dans la capitale. »

Ensuite M. Law exprime franchement la crainte que sa précipitation à exécuter son travail ne se manifeste, et dans l'imperfection de ce dernier et « dans la nécessité de glisser sur certaines contradictions peu importantes en elles-mêmes, mais qui n'en font pas moins tache dans un rapport de cette nature ».

C'est pour cela que je me suis enhardi à combattre de front les conclusions du délégué anglais et à montrer l'inutilité et le danger pour la Grèce de contracter, à l'heure actuelle, un nouvel emprunt, *sous n'importe quelle forme et sous n'importe quel prétexte.*

Je n'ai pas la compétence de M. Law en matière financière, mais j'ai sur lui l'avantage de connaître le pays et ses ressources, la *langue* et les mœurs des habitants. Mes relations personnelles, ma situation absolument indépendante et le fait que je n'ai aucun caractère officiel ou officieux compenseront, j'aime à le croire, mon infériorité vis-à-vis du délégué du gouvernement anglais.

Est-il nécessaire d'ajouter que je n'ai été guidé dans ce travail par aucun sentiment de rancune ou d'animosité contre M. Tricoupis, ou contre M. Delyannis, ou contre tout autre personnage politique.

Je me suis, toute ma vie, tenu à l'écart des partis et j'ai

entretenu les meilleures relations aussi bien avec les hommes d'État au pouvoir qu'avec les opposants de toutes nuances.

Mon seul but a été de déterminer aussi exactement que possible les causes de la crise financière à laquelle la Grèce est en proie et de rechercher les moyens pratiques de l'en faire sortir. Puisse cette étude impartiale lui être de quelque utilité !

APPENDICE

Cette brochure était sous presse lorsque j'ai reçu les documents que je reproduis ci-dessous textuellement. Je me suis permis de les diviser en plusieurs paragraphes afin de faciliter la lecture des observations que leur lecture m'a suggérées (voir page 136).

1° Premier mémoire de M. Sotiropoulo, président du Conseil des ministres, sur la situation financière, adressé au Roi en date du 12/24 mai 1893 ;

2° Deuxième mémoire, adressé également par le premier ministre au Roi, pour engager Sa Majesté à décréter l'emprunt de 100 millions ;

3° La convention de l'emprunt.

4° Le décret royal qui la ratifie *conditionnellement*.

PREMIER MÉMOIRE

§ 1.

SIRE,

Mandé au Palais le 28 avril dernier, j'ai eu l'insigne honneur de m'entretenir avec Votre Majesté sur la situation financière de la Grèce. J'ai dit alors que, malgré le surmenage du pays à la suite de l'accroissement démesuré de l'impôt et de l'état anormal où se trouvent toutes les branches de l'administration publique, il peut, bien qu'avec peine, remplir tous ses engagements. Ce résultat ne peut être obtenu que par le changement du système administratif, la cessation des abus sur la vérification et le recouvrement des taxes et l'introduction de quelques réformes indispensables. Mais, en aucune façon l'État ne doit suspendre ses paiements, une semblable mesure pouvant avoir les plus désastreuses conséquences sur le présent et l'avenir de la Grèce.

Je n'ai pas négligé toutefois d'indiquer à Votre Majesté que les mesures précitées, si efficaces qu'on les suppose, ne sauraient avoir d'effet dans les quelques jours qui nous séparent de la prochaine échéance. Dans le rapport que j'ai eu l'honneur de soumettre depuis à Votre Majesté j'exprimai l'espoir que l'on n'aurait peut-être pas rencontré de sérieuses difficultés pour le paiement du coupon de juillet, vu que dans le projet de Convention d'emprunt que l'on m'avait montré et qui avait été accepté par mon prédécesseur, j'avais remarqué la clause portant que pour les 12 millions que les prêteurs allaient verser pour le paiement de ce coupon, le gouvernement s'engageait à retirer de la circulation pour une somme égale de monnaie fiduciaire. J'avais conclu de là que cette somme en billets de banque se trouvait dans les caisses de l'État ou pouvait y être aisément réunie. Après quelques autres réflexions j'ajoutai que je ne pouvais émettre d'opinion définitive à ce propos avant d'avoir une notion exacte de l'État de la Caisse et m'être entendu avec les fonctionnaires compétents.

§ *B*.

Lorsque j'écrivais cela, j'étais loin de penser que la Caisse se trouvait dans l'état où je l'ai trouvée le lendemain du jour de la prestation du serment du Ministère dont Votre Majesté avait bien voulu me confier la formation. En prenant la direction du Ministère des Finances, j'ai demandé et reçu des fonctionnaires compétents les notes suivantes sur l'état de la Caisse :

1° Sur le numéraire en caisse ;

2° Sur les versements faits aux Banques et à la Société des monopoles des revenus publics affectés au service de la Dette ;

3° Sur le montant des prochaines échéances.

De ces notes il résulte :

1° Sur le numéraire en caisse.

D'après l'état qui m'a été soumis par le caissier central, il y avait, le 2 mai, dans la caisse centrale :

En or . . . . Dr.	64.257
En argent	129.314
En billets de banque	641.692
En traites	147
En tout. . . . . . . Dr.	835.410
Sur cette somme.	566.282
provenaient d'affectations spéciales pour le service des emprunts de 120 et de 170 millions.	
Il ne restait donc, en réalité, en caisse que . . . . Dr.	269.128

La Caisse centrale devait, fin avril :

En or. Dépenses de l'exercice 1892. . . . . Dr.	972.141
— — — 1893.	841.250
En billets de banque. Dépenses de l'exercice 1892. . . .	408.972
— — — 1893. . . .	318.283
En tout. . . . . Dr.	1.500.000

D'après la note qui m'a été soumise plus tard par le directeur général de la comptabilité, l'encaisse générale était au 30 avril :

En billets de banque	Dr.	1.821.195
En or et argent.		249.156
En monnaie de billon.		45.943
En coupures usées		492.388
	Dr.	2.606.682
Déduction faite : l'encaisse de la Caisse centrale de dr. 835.410 et de dr. 492.388 de coupures usées. . .	Dr.	1.327.798
L'encaisse des autres caisses de l'État était de . . .	Dr.	1.278.884

Mais les caisses des départements ayant aussi des paiements à faire, ne pourront faire que d'insignifiants envois de numéraire à la Caisse centrale.

2° Des versements faits aux banques et à la Société des monopoles.

Aux banques et à la Société des monopoles avaient été faits les versements suivants :

A la Banque Nationale, pour le service de l'emprunt des trois puissances	Dr.	332.240
A la Banque Nationale, pour le service de l'emprunt de 16.500.000 drachmes		139.317
A la Banque de Constantinople, pour le service des emprunts de 120 et de 170 millions		624.055
A la Banque d'Épire et Thessalie, pour le service de ce même emprunt		458.424
A la Société des monopoles pour le service de l'emprunt de 135 millions		1.052.000
Total.	Dr.	2.606.036

Je vais maintenant indiquer le montant des versements qui auraient dû avoir été faits pour le service des emprunts précités.

§ C.

Le service de l'emprunt des puissances est garanti sur le tiers des recettes du bureau de douane de Syra, qui sont de 1 million environ. Et comme on doit les deux tiers des intérêts de 1892 et que l'on n'a payé que 50.000 francs en 1893, c'est 900.000 drachmes et non 332,240 qui auraient dû avoir été versées à la Banque Nationale.

Le service des emprunts de 120 et de 170 millions est garanti sur les recettes de l'impôt du tabac, sur les annuités des terres et plantations cédées par le domaine, sur les recettes de plusieurs bureaux de douane et sur le solde des droits de timbre, prélèvement fait de la partie des ces droits affectés au service de l'emprunt de 60 millions.

Le rendement annuel des taxes indiquées est évalué à 27 millions. Pour les quatre premiers mois de l'année, on aurait donc dû avoir versé aux banques de Constantinople et d'Épire et Thessalie une somme de beaucoup supérieure aux 1.082.479 drachmes ci-dessus indiquées. Mais les recettes de l'impôt du tabac, les annuités des terres et plantations et les droits de timbre ne sont plus versés depuis longtemps aux banques, auxquelles on ne versait plus que les recettes des bureaux de douane précités. Et encore ces versements ne sont plus faits directement par les receveurs des douanes, mais par le caissier central, qui m'a remis la note suivante :

Du 1er janvier au 7 mai 1893, la Caisse centrale a reçu . . . . Dr.	4.160.613
provenant des recettes qui devaient être versées à la Banque de Constantinople pour le service des emprunts susindiqués.	
Ont été versés à cette banque.	624.055
Restent en caisse.	605.231
Ont été affectés à d'autres besoins du Trésor	2.931.327

Le service de l'emprunt de 135 millions est garanti sur les recettes des monopoles, qui sont recouvrées par des employés de la Société des monopoles, à l'exception de la vente du papier à cigarettes, qui est faite directement par l'État. D'après le relevé qui m'a été donné par la Société, lorsque commence le semestre courant, du 20 novembre jusqu'au 13 mars, elle avait recouvré 2.376.029 drachmes. Mais comme au cours du précédent semestre, la Caisse centrale n'avait pas versé les recettes provenant de la vente du papier à cigarettes, la Société des monopoles a avancé 1.409.451 drachmes, qu'elle a gardées sur les autres recettes. Il ne reste donc plus que 1.282 578 dr., dont 1.052.000 en numéraire et 230.578 en chèques et en mandats postaux payables par la caisse centrale.

§ *D*.

Les recettes annuelles des monopoles étant de 9.000.000 de drachmes, la susdite Société aurait dû, si l'on ne lui avait retenu le rendement de *la vente du papier* à cigarettes, recouvrer *Dr. 4.500.000* environ.

De ce qui précède il résulte qu'en dehors des petites sommes à peine suffisantes pour les paiements en billets de banque, trouvées en caisse, il n'y avait de disponible que les versements faits aux banques, et à la Société des monopoles s'élevant à 2.606.036 dr. auxquelles on peut ajouter 500 ou 600.000 autres drachmes que cette dernière recouvrerait jusqu'au 20 mai.

3° *Sur le montant des prochaines échéances.*

Les prochaines échéances sont :

En or. — Le coupon de l'emprunt du chemin de fer Pirée-Larissa payable le 3 juin . . . . Fr. 1.626.456

Les coupons des emprunts de 120, 170 et 135 millions payables le 19 juin 9.341.046

Fr. 10.867.502

Diverses dettes flottantes :

Échéance du 11 avril	Fr.	2.475.000
— 27 mai		5.815.000
— 2 juin		7.300.000
— 6 juin		1.237.300
— 7 juin		1.663.965
— 8 et 9 juillet		2.403.733
Total	Fr.	33.832.391

Les travaux du chemin de fer Pirée-Larissa exigent, jusqu'à fin décembre, une dépense de 7.000.000 de francs pour laquelle on n'a même pas demandé de crédit. Toutes les obligations de l'emprunt pour la construction de ce chemin de fer, qui n'avaient pu être placées, ont été données en gage pour la dette flottante en or. Il y a aussi 8.780.000 dr. en billets de banque donnés en garantie à la Banque Nationale pour la dette flottante de 7.300.000 francs.

En billets de banque. — Le coupon des emprunts de 26 et de 10 millions payable le 3 juin . . . . , ... Dr. 579.744

Le coupon de l'emprunt de la voirie de 9.000.000 payable le 19 juillet 293.744

Dr. 872.862

Bons du Trésor venant en échéance :

En avril	Dr.	2.861.201	10.052.039
En mai		3.710.300	
En juin		3.480.839	
Somme due aux banques pour solde des coupures usées			1.608.812
Total		Dr.	12.534-064

Soit en tout —	En or	Dr.	33.832.391
	En billets		12.534.064
	Total	Dr.	46.366.455

§ *E.*

Dans ces conditions, j'ai pensé dès le premier moment que pour payer le prochain coupon et subvenir aux besoins les plus pressants il fallait pouvoir placer un emprunt de 25 à 30 millions de francs en or. Nous ne pouvions donner en garantie que les recettes recouvrables en or d'après la loi du 22 décembre dernier ratifiée par Votre Majesté, mais non encore promulguée.

Pour le placement de cet emprunt, le Ministère s'est adressé, le jour de son avènement, à la Banque Nationale, qui fait, de concert avec les autres Banques, les plus louables efforts pour venir en aide au Trésor. Nous n'avons pas négligé de faire d'autres démarches, mais, par malheur, le Crédit de l'État a été ébranlé et nous voyons se dresser des obstacles que je n'ai pas la certitude de pouvoir surmonter.

§ *F*.

Votre Majesté n'ignore pas que j'ai autorisé un personnage à s'adresser à un groupe disposé à établir le monopole du tabac, et pouvant après la signature de la convention y relative et avant la sanction parlementaire, faire une avance de 15 millions pour payer au moins le prochain coupon.

Ces faits, j'ai cru de mon devoir de les exposer dès à présent à Votre Majesté afin qu'elle soit renseignée sur l'état de la Caisse, sur les prochaines échéances, sur les démarches du gouvernement et les obstacles qu'il rencontre.

Athènes, le 12 mai 1893.

De Votre Majesté,
Le très obéissant sujet et humble serviteur.

Le ministre des Finances,
S. Sotiropoulo.

DEUXIÈME MÉMOIRE

SIRE,

Mon rapport du 12 mai a renseigné Votre Majesté sur l'état de la Caisse publique.

Il y avait en caisse des sommes insignifiantes suffisant à peine aux paiements en papier du Trésor, qui doit effectuer aussi des paiements en or qui ne sauraient être différés.

§ *G*.

A la Banque Nationale où l'on doit verser le tiers des recettes de la douane de Syra, qui s'élève à un million environ, pour le service de l'emprunt des trois puissances, il n'y avait que 332.200 drachmes, bien que l'on doive encore aux puissances une partie des intérêts de 1892.

Il n'y avait à la Société des monopoles que 1.032.000 drachmes. Le rendement de la vente des objets soumis au monopole portera, jusqu'au 20 mai, cette somme à 1.700.000 drachmes, tandis que les recettes de la Société des monopoles dépassent *4.000.000* par semestre.

Aux banques d'Épire et Thessalie et de Constantinople, il y avait *1.082.479* drachmes, bien que les recettes affectées aux emprunts de 120 et de 170 millions, qui doivent être versées aux caisses de ces deux banques, soient d'environ 27 millions par an.

Les obligations de l'emprunt du chemin de fer Pirée-Larissa ont servi à gager une partie de la Dette flottante. Aussi ne reste-t-il plus de cet emprunt de quoi payer les intérêts intercalaires ni de ressources pour continuer les travaux de la voie ferrée dont la dépense mensuelle est d'environ un million de francs.

D'autre part, les paiements à faire par le Trésor jusqu'à la fin du semestre courant sont de 33.832.391 drachmes en or et de 12.534.064 drachmes en billets de banque. Pour faire face à ces échéances, on ne dispose que d'un peu moins des 3.000.000 déposés aux Banques ou recouvrés par la Société des monopoles.

Le ministère sortant, qui connaissait cette situation, subordonna toute sa politique au placement d'un emprunt à l'étranger qu'il négociait depuis longtemps avec la maison Hambro et autres maisons de Londres. Pour faciliter les négociations, il envoya à Londres M. le ministre de l'Intérieur.

Les négociations ont abouti à un projet de convention contenant les dispositions suivantes :

Des banquiers s'engageaient à prêter 80 millions de francs au gouvernement hellénique, qu'ils prenaient ferme à 70, portant un intérêt annuel de 5 0/0 sur le capital nominal. Ils se réservaient aussi, pour l'émission, une commission de 2 3/4 0/0. Le rendement de cet emprunt, qui devait rester déposé à Londres, aurait été affecté au paiement du coupon pendant deux ans. D'autre part, le gouvernement s'engageait *à retirer* de la circulation, chaque fois que le coupon aurait été payé, pour une somme égale de monnaie fiduciaire pour l'amortissement graduel de l'emprunt sur cours forcé. Cet emprunt était gagé sur les recettes recouvrables en or dont la gestion aurait été confiée à une commission de quatre membres dont trois à la nomination des banquiers et le quatrième à celle de la Banque Nationale. Les appointements de la commission étaient fixés à 60.000 francs par an.

C'étaient là les principales clauses de la convention qui allait être conclue à Londres; mais les négociations ayant été rompues au dernier moment, l'emprunt ne put être placé. Il n'y avait donc pas de convention à notre arrivée au pouvoir, mais s'il y en avait eu une, nous ne l'aurions jamais soumise à la ratification parlementaire et à celle de Votre Majesté : 1° Parce que nous n'aurions jamais consenti à soumettre la gestion des revenus publics à un contrôle étranger. 2° Parce que la clause statuant qu'une somme de monnaie fiduciaire égale à celle qui aurait été affectée, chaque fois, au paiement du coupon se heurtait, dès le début, à de sérieux obstacles étant donné qu'il est impossible de réunir aujourd'hui les 11 millions exigés pour le paiement du coupon de juin. Les échanges et la circulation monétaire auraient, en outre, rencontré de grandes difficultés *si l'on retirait*, chaque année, de la circulation 30 millions de monnaie fiduciaire sans *les remplacer* par une somme équivalente en or. 3° Parce qu'on ne montrait la moindre prévoyance pour la Dette flottante. 4° Parce qu'on ne prévoyait pas davantage les 7 à 8 millions exigés, dans le courant de l'année, pour la continuation des travaux du chemin de fer Pirée-Larissa, dont la suspension aurait exposé l'État à des protestations et à des dommages-intérêts.

C'est pourquoi nous nous sommes adressés à la Banque Nationale et à d'autres pour emprunter de 25 à 30 millions pour payer le coupon de juillet et subvenir aux plus urgents besoins du Trésor. Mais les établissements de crédit nationaux sont entièrement épuisés, et le crédit de la Grèce a été tellement ébranlé au dehors que l'on ne peut, à ce que l'on affirme, se procurer de l'argent sans garanties sérieuses et sans contrôle étranger. A mesure que les jours s'écoulaient et que l'on n'entendait rien de positif sur l'emprunt, la panique s'emparait de tous, ce qui portait le change à 1,80 et faisait tomber la rente 5 0/0 au-dessous de la moitié de la valeur nominale.

Dans cette confusion, d'aucuns nous ont proposé de suspendre les paiements et de proposer un arrangement avec les porteurs d'obligations. Ils promettaient d'arriver à réduire de 10 à 12 millions le service de la dette, à la condition qu'on aurait assuré le paiement du reste par des garanties inviolables, c'est-à-dire par l'établissement, comme nous le supposons, d'un contrôle étranger, toutes les garanties données jusqu'ici au moyen de nos *établissements de crédit ayant été malheureusement violées* n'inspirant plus la moindre confiance. Ces conseils et promesses vagues à l'endroit desquels, soit dit en passant, on ne donnait aucune sûreté réelle, nous n'avions pas le temps de les étudier, de les prendre en considération : 1° Parce que, selon nous, le pays, bien que surmené par l'impôt et le relâchement des services administratifs, n'en est pas encore à désespérer de la suffisance de ses ressources et à proclamer son insuffisance à remplir ses engagements ; 2° Parce qu'un arrangement proposé par l'État après la suspension des paiements aurait troublé les échanges et l'état économique du pays et aurait eu les plus fâcheuses conséquences pour le crédit et le progrès de la nation.

§ *II*.

D'autre part, M. Ionidis, notre consul général à Londres, est venu à nous, accompagné des deux sous-gouverneurs de la Banque Nationale, porteur de propositions venant de MM. Hambro, etc. Ces propositions ne ressemblaient point aux conseils d'arrangement que l'on vient d'exposer. Aussi avons-nous cru qu'il était de notre devoir de les prendre en considération. Dès que cela fut connu, le peuple reprit courage, ce qui fit tomber le change de 20 à 22 centimes et amena une hausse de cinq unités sur nos valeurs à la Bourse de Londres. Après de longs débats, auxquels assistaient aussi les deux sous-gouverneurs de la Banque Nationale, et à la suite d'une longue correspondance télégraphique, on a ouvert des négociations définitives sur les bases suivantes :

1° On promulguera un décret royal autorisant pendant cinq semestres le paiement du coupon, *à l'exception du coupon de l'emprunt des monopoles*, au moyen d'obligations d'un emprunt de 100.000.000 de francs à 5 0/0 et 1/2 0/0 d'amortissement. Cet emprunt sera gagé sur les recettes en or du Trésor dont la gestion sera confiée à la Banque Nationale, à la Banque Ionienne et à la Banque d'Épire et Thessalie.

2° Le jour même de la promulgation du décret royal précité, un autre décret royal approuvera et ratifiera une convention avec la maison Hambro par laquelle celle-ci sera chargée de l'émission du susdit emprunt recevant une commission de 1 5/8 0/0 avec l'obligation pour elle de racheter dans le cours du premier semestre jusqu'à concurrence de 220.000 livres sterling des susdites obligations au cours minimum de 65 à 67.

Les obligations seront émises à chaque échéance et sur l'ordre du gouvernement hellénique, et seront échangées aux guichets des établissements de crédit qui sont chargés du paiement du coupon. D'après cette clause, l'émission des obligations peut être suspendue si l'État était en possession de faire lui-même le service de sa Dette.

Le gouvernement s'engage à retirer de la circulation et à détruire tous les mois pour un million en billets de banque en réduction de l'emprunt sur cours forcé.

§ J.

3° Le surplus des obligations sera reçu par la Banque Nationale et les porteurs de titres de la Dette flottante au cours de 74 0/0 pour l'amortissement de l'emprunt de 16.500.000 francs, et au cours de 70 0/0 pour le remboursement d'une partie de la Dette flottante si les autres parties intéressées acceptent ces prix-là. Nous n'avons pas cru devoir toucher à *l'emprunt des monopoles*. Du moment que la gestion des revenus des monopoles est confiée à une Société, toute infraction aux contrats *aurait pu ébranler la confiance du public* pour la gestion qui va être concédée aux banques.

Cette combinaison nous permet d'écarter le contrôle étranger si humiliant pour la dignité nationale, de rembourser la majeure partie de la Dette flottante et d'amortir l'emprunt des 16.500.000 francs qui a été conclu avec un grand amortissement (2 1/2 0/0), d'éviter le brusque retrait du cours forcé et de donner au gouvernement du pays le temps de recueillir les épaves et d'asseoir l'avenir financier sur de meilleures bases.

Toutes les clauses de la convention à conclure avec les banques étant basées sur les lois en vigueur rien n'empêche qu'elle puisse être ratifiée par décret royal. Le seul inconvénient c'est que nous avons entrepris en vain de persuader aux banquiers de rembourser en or une partie de l'emprunt. Aussi sommes-nous dans la nécessité de promulger le décret royal susindiqué autorisant le paiement du coupon pendant six mois, à l'exception du coupon de l'emprunt des monopoles, en obligations du nouvel emprunt. Par malheur nous n'avons plus le temps de soumettre ce décret à la ratification parlementaire, le paiement du coupon commençant le 3 du mois prochain et devant être déposé, dès à présent, aux établissements de crédit chargés d'en effectuer le paiement.

§ J

Les banques du pays, qui possèdent de grandes quantités d'obligations helléniques, les banques de Londres, qui ont émis nos principaux emprunts, et plusieurs autres nous encouragent au paiement du coupon au moyen d'obligations. Tous nous donnent l'assurance que, vu les difficultés financières de la Grèce, les porteurs d'obligations accepteront cette mesure : 1° Parce qu'ils sont convaincus qu'à la suite des garanties sérieuses données par le gouvernement, les obligations du nouvel emprunt ne seront pas cotées fort au-dessous du pair, et 2° Parce qu'une fois sortis des embarras actuels, nous pourrons prendre des mesures montrant que le pays peut se suffire à lui-même et assurer le service intégral de la Dette, ce qui produira sur nos valeurs une hausse profitable aux porteurs d'obligations.

Puisqu'il n'y avait pas, Sire, en caisse l'argent nécessaire aux besoins du service courant, puisque l'on *a violé* toutes les garanties données pour assurer le service de la Dette, puisque *l'on avait enlevé à la Société même des monopoles* le rendement de la vente du papier à cigarettes, puisque toutes les obligations émises pour la construction du chemin de fer Pirée-Larissa ont été placées ou données en gage et qu'il faudra encore 6 à 7 millions pour les travaux à faire sur cette ligne dans le courant de l'année, puisque le crédit de l'État est tombé au point que nous ne pouvons, même en donnant en gage les recettes en or avec la gestion de ces mêmes recettes, trouver à emprunter quelques millions, puisque le ministère précédent s'est vu, pour assurer le paiement du coupon de deux années, dans la nécessité d'accepter *l'établissement d'un contrôle étranger* sans arriver à aucun résultat, nous pensons que la Grèce se trouve dans le dilemme : de suspendre les paiements et de proposer le concordat ou d'accepter les mesures exposées plus haut. Nous ne voyons pas d'autre issue. Et comme nous sommes d'avis que la proposition d'un concordat aboutira, après de grandes catastrophes, à l'établissement d'un contrôle étranger, nous penchons pour l'adoption desdites mesures dont nous acceptons la responsabilité, ne doutant point que notre acte sera approuvé par les représentants de la nation.

Il appartient à Votre Majesté de prendre, vu les circonstances critiques où nous sommes, telles mesures qu'elle jugera utiles.

De Votre Majesté, etc.

Le ministre des Finances,
S. Sotiropoulo.

EMPRUNT DE CENT MILLIONS

CONVENTION

§ *K*.

Entre le Gouvernement Hellénique, représenté par S. E. M. S. Sotiropoulo, Président du Conseil, Ministre des Finances d'une part, et MM. C. J. Hambro and Son de Londres, représentés par M. Léonard Mercati, Directeur de la Banque Ionienne *(limited)* à Athènes, d'autre part, il a été conclu ce qui suit :

Article premier.

Le gouvernement, par ce présent contrat, autorise MM. C. J. Hambro and Son à émettre pour le compte du gouvernement l'emprunt de 4 millions de livres sterling autorisé par le décret royal, qui sera publié simultanément avec la présente convention et dont une copie est ci-annexée. L'émission sera faite aux époques et de la manière fixées dans ledit décret royal.

Il sera alloué à MM. C. J. Hambro and Son une commission de un cinq-huitièmes 1 5/8 pour cent sur le montant total de l'emprunt dont le prorata leur sera dû lors de l'émission de chaque partie de l'emprunt. MM. C. J. Hambro and Son sont chargés, pendant toute la durée du service dudit emprunt, à une commission d'un demi *(1/2)* pour cent sur les coupons payés et titres amortis, qui sera comprise dans le service de l'emprunt.

Art. 2.

Le gouvernement s'engage à faire remettre par la caisse suivant les termes du décret à MM. C. J. Hambro and Son à Londres, en billets de change ou en or, toute somme perçue par la caisse constituée par ledit décret royal jusqu'à concurrence de la somme nécessaire pour le service total annuel de l'emprunt, et en cas d'insuffisance des sommes ainsi remises le gouvernement s'engage à payer à MM. C. J. Hambro and Son à Londres en or, et au moins quinze jours avant l'échéance de chaque coupon trimestriel, toute somme nécessaire pour pourvoir au service complet de l'emprunt.

Art. 3.

Pendant la confection des titres définitifs de l'emprunt MM. C. J. Hambro and Son auront le droit d'émettre des titres provisoires (scrip). Les titres seront rédigés, confectionnés et émis en tous points d'accord avec les prévisions dudit décret royal.

Art. 4.

MM. C. J. Hambro and Son acceptant la position d'agents du Gouvernement pour l'émission dudit emprunt aux conditions de ce contrat et dudit décret royal, ils acceptent en paiement de leur commission de un cinq-huitièmes (1 5/8 0/0) une somme équivalente en obligations dudit emprunt évaluées au taux de 67 0/0 de leur valeur nominale et s'engagent à ne pas les vendre avant le 1er janvier 1894. Ils s'engagent moyennant leurs dites commissions à payer tous les frais de la confection des titres provisoires et définitifs dudit emprunt, y compris les timbres et les frais des notaires et des annonces au sujet des titres amortis exigés par le décret royal.

Art. 5.

MM. C. J. Hambro and Son s'engagent à annuler tous les titres amortis de façon mentionnée dans ledit décret royal et de livrer au consul de Grèce dans la place de leur paiement tous les coupons payés et titres amortis. Le reçu du consul de Grèce aura force libératoire en faveur de MM. C. J. Hambro and Son.

Art. 6.

Pour toute partie de l'emprunt émise suivant les prévisions du décret royal pour le service des emprunts helléniques de 1881, 1884, 1889 et 1890 les reçus des agents du Gouvernement pour lesdits emprunts auront force libératoire en faveur de MM. C. J. Hambro and Son pour le montant d'obligations mentionné dans chaque reçu. Les titres provisoires et définitifs représentant la partie de l'emprunt émise sur l'avis du Gouvernement en remboursement de l'emprunt hellénique de 1892 de 16.500.000 drachmes et pour le règlement partiel de la Dette flottante seront tenus par MM. C. J. Hambro and Son à la disposition de la Banque Nationale de Grèce. A chaque émission d'une partie de l'emprunt MM. C. J. Hambro and Son auront le droit d'émettre et de retenir la quantité d'obligations nécessaire pour le règlement de leur commission de un cinq-huitièmes (1 5/8 0/0) sur la somme émise.

Art. 7.

MM. C. J. Hambro and Son bonifieront au Gouvernement intérêt à un taux de 1 0/0 au-dessous du taux officiel de la banque d'Angleterre sur toute somme qui de temps en temps restera dans leurs mains pour le compte dudit emprunt, excepté que pendant les quinze jours avant l'échéance de chaque coupon aucun intérêt ne sera payable sur la somme nécessaire pour le service de l'emprunt à cette époque.

Art. 8.

MM. C. J. Hambro and Son sont autorisés, dès la signature de ce contrat, à émettre la quantité d'obligations nécessaire pour le payement de l'emprunt hellénique de 1892 de 16.500.000 drachmes et pour le service au 3-15 juin 1893 de l'emprunt hellénique de 1890, et au 19 juin, 1er juillet 1893 des emprunts helléniques de 1881 et 1884.

La présente sera ratifiée par décret royal.

Fait en double original à Athènes le trente mai (onze juin) mil huit cent quatre-vingt-treize.

Le président du Conseil, ministre des Finances,
S. Sotiropoulos

L. Mercati.

DÉCRET APPROUVANT LA CONVENTION

GEORGES PREMIER, *Roi des Hellènes*,

En vertu de la loi ΒΞΞ portant modification, en les complétant, aux lois relatives à des conclusions d'emprunts ΑΨ, ΑΨΠΑ', de 1889 et ΑϡΜΔ' de 1891 ainsi que de la loi ΒΡΙΕ' du 22 décembre 1892 relative au paiement en or de certains revenus de l'État, sur la proposition de notre Conseil des ministres, avons décrété et décrétons :

Article premier.

Le gouvernement est autorisé à émettre un emprunt de livres 4.000.000 sterling en francs ou drachmes or 100.000.000 rapportant 5 0/0 d'intérêt par an remboursable par un fonds d'amortissement cumulatif de demi pour cent par an, par rachat si le prix est au-dessous du pair, suivant tableau d'amortissement qui sera établi sur la base des éléments ci-dessus d'intérêt et de fonds d'amortissement.

Les intérêts seront payés trimestriellement par M. C. J. Hambro and Son de Londres ou les maisons par eux désignées, pour le montant inscrit sur les coupons, à Londres en livres sterling, à Paris et à Athènes en francs en or et à Berlin en marks au cours du jour du change à vue sur Londres.

Pour le service de cet emprunt il sera alloué à MM. C. J. Hambro and Son une commission de 1/2 0/0.

ART. 2.

L'emprunt sera divisé en titres au porteur de liv. 20, liv. 100 et liv. 500 et de leur équivalent en drachmes or ou francs au change de 25 drachmes or ou francs par livre sterling des coupons seront payés au même change.

La quotité des titres de chaque série sera fixée par MM. C. J. Hambro and Son.

Les titres seront munis de coupons d'intérêt trimestriels dont l'échéance est fixée aux 1er octobre, 1er janvier, 1er avril et 1er juillet (n. s.) de chaque année; le premier coupon est à l'échéance du 1er octobre 1893.

Le remboursement des titres sortis au tirage aura lieu simultanément avec les échéances trimestrielles des coupons; le premier amortissement aura lieu le 1er janvier 1899.

Les titres rachetés ou remboursés après tirage seront annulés par les établissements chargés du service de l'emprunt.

La remise des coupons et titres amortis à l'étranger, dûment annulés, sera faite par l'entremise des consuls grecs des différentes contrées, où ils auront été payés et l'accusé de réception des consuls tiendra lieu de décharge en faveur de MM. C. J. Hambro and Son.

Les tirages auront lieu à Londres un mois avant l'époque du remboursement des titres, en présence d'un notaire public, d'un délégué du gouvernement et d'un délégué de MM. C. J. Hambro and Son.

Les numéros de tous les titres rachetés ou sortis aux tirages seront publiés dans le *Times* de Londres, le *Journal officiel* de Paris, la *Bœrsen-Zeitung* de Berlin et *la Gazette du Gouvernement* d'Athènes, aux frais de MM. C. J. Hambro and Son.

L'intérêt cessera de fait sur les titres appelés au remboursement, à partir de la date fixée pour leur paiement et tous les coupons à échoir à partir de cette date devront être attachés aux titres sortis, présentés au remboursement et seront restitués avec eux. Si un ou plusieurs coupons manquent à un titre, le montant de ces coupons sera réduit de la somme à payer.

Le gouvernement aura la faculté d'effectuer les rachats soit lui-même en Grèce, soit par l'entremise de MM. C. J. Hambro and Son, sur ses ordres à l'étranger, et cela avant la date à laquelle les titres doivent être remboursés.

Les titres de l'emprunt seront munis du fac-similé de la signature de Son Excellence le ministre des Finances. Ils seront signés à

Londres par un délégué du gouvernement hellénique et contresignés par MM. C. J. Hambro and Son.

ART. 3.

L'émission de l'emprunt sera faite par MM. C. J. Hambro and Son ou leurs agents. Une allocation de 1 5/8 0/0 sur le montant des titres en circulation leur sera faite à titre de commission et en remboursement de tous frais d'émission, y compris les frais des timbres étrangers, de confection des titres provisoires et définitifs, etc., etc.

ART. 4.

L'émission de l'emprunt aura lieu par MM. C. J. Hambro and Son, conformément aux dispositions de l'article 12 ci-dessous. Les mêmes MM. C. J. Hambro and Son publieront les conditions de l'émission d'après les termes du présent décret. Le texte des titres sera soumis au représentant du gouvernement à Londres.

Chaque titre émis devra distinctement mentionner qu'il a été émis dans les conditions du présent décret et qu'il bénéficie en conséquence de toutes les garanties accordées. Il doit être rédigé en tous points d'accord avec les règles du stock-exchange et sera rédigé en grec, anglais et français.

ART. 5.

En attendant la confection des titres définitifs, MM. C. J. Hambro and Son émettront les certificats provisoires (Scrip).

Le gouvernement s'engage à donner son concours pour obtenir l'admission de l'emprunt à la cote officielle des places où l'émission aura lieu.

ART. 6.

Au service de cet emprunt, il est affecté irrévocablement et sans réserve dès maintenant et jusqu'à complète extinction de l'emprunt le produit des droits, taxes, impôts et revenus suivants, payable en or; à savoir : 1° l'impôt foncier sur les raisins de Corinthe, des figues et des cocons; 2° l'impôt et droits sur la vallonée; 3° l'impôt sur les revenus nets et les droits sur les dividendes des Sociétés anonymes; 4° les taxes sur les mines et minières; 5° les droits sur les revenus provenant des scories du Laurium; 6° les 3/5 du droit de sortie sur l'huile et les raisins de Corinthe des îles Ioniennes; 7° les droits sur les billets pour l'étranger des bateaux à vapeur. (Les impôts, taxes et droits ci-dessus sont perçus en or, conformément à la loi BPIE du 22 décembre 1892); 8° Les droits consulaires, également payables en or; 9° Les droits d'ancrage et des phares.

L'ensemble des impôts, taxes et droits ci-dessus sont évalués à 7.650.000 francs par an.

Le gouvernement s'engage pendant toute la durée de cet emprunt à n'apporter dans les susdits droits, taxes et impôts aucune modification qui pourrait les faire tomber au-dessous de la somme ci-dessus et qu'en aucun cas le paiement en or ne pourra être modifié.

Pour le service de cet emprunt une caisse distincte et séparée sera établie dont les fonctions sont définies dans les articles suivants.

ART. 7.

Aucune quittance relative au paiement des taxes, droits et impôts affectés au service de cet emprunt et numérotés de 1 à 6 dans le précédent article ne sera délivrée par les préposés des douanes et les trésoriers de l'État, n'aura force libératoire au profit des contribuables si elle ne porte pas apposé au certificat de la caisse du présent emprunt de somme égale à la somme acquittée.

Les certificats seront signés et émis en contre-souche par la direction de la caisse de l'emprunt et seront reçus, ainsi que l'or, en paiement des droits et impôts affectés à l'emprunt. Si le contribuable paie ses droits en certificats, l'autorité préposée à la perception appose, sur la quittance, le certificat prescrit en le frappant d'un cachet-perforateur portant le mot « ΑΚΥΡΟΝ » en grec et en garde la contre-souche.

Si le contribuable paye en or, l'autorité préposée appose sur la quittance, avec la susdite formalité de la perforation, des certificats d'égale somme dont elle se trouve elle-même pourvue par les soins du ministre des Finances, comme il est dit plus tard.

Le fonctionnaire public qui aurait enfreint la clause concernant l'apposition des certificats sur les quittances des droits et impôts affectés à l'emprunt et numérotés de 1 à 6 dans le précédent article est personnellement responsable envers la direction de la caisse de l'emprunt ; il est, en outre sujet à des poursuites pénales pour soustraction et abus de confiance.

Pour tenir les autorités préposées à la perception des dits droits et impôts affectés à l'emprunt pourvues en tous temps d'une somme suffisante en certificats, la direction de la caisse de l'emprunt remettra au ministère des Finances, toutes les fois qu'il le désire, la quantité de certificats qu'il demande, contre paiement de leur montant en or.

La coupure minima des certificats émis par la direction de la caisse est de 20 drachmes en or. Le 1er et le 15 de chaque mois les autorités préposées à la perception desdites affectations de l'emprunt remettront à la direction de la caisse de l'emprunt un état présentant les soultes des quittances délivrées dans la quinzaine et inférieures à 20 drachmes.

Sur cet état, le Ministère des Finances fera par la caisse un certificat de somme égale au total des soultes inscrites contre paiement à la caisse de l'équivalent.

La caisse aura irrévocablement les attributions et pouvoirs suivants :

1° Elle aura seule le droit d'émettre les certificats susmentionnés; 2° elle doit remettre tous les quinze jours à MM. Hambro and Son, à Londres, par lettre de change ou par l'envoi de l'or, toute somme perçue par la vente de certificats ou provenant des produits des ventes, droits et taxes 7 à 9 de l'article précédent jusqu'au jour où les sommes reçues à Londres auront atteint le montant total nécessaire pour le service de l'emprunt pour l'année en cours, qui sera comptée du 1er juillet, après quoi et après déduction de la commission stipulée en faveur de la caisse, la caisse tiendra à la disposition du gouvernement tout l'excédent.

Le Ministère s'engage à tenir pour le compte de cet emprunt et à payer en or à la caisse à la fin de chaque mois toute somme perçue des taxes et droits désignés sub nos 7 à 9 de l'article précédent.

ART. 8.

En cas d'insuffisance des produits des droits, taxes et impôts, affectée à la garantie de l'emprunt, le gouvernement s'engage à payer à MM. C. J. Hambro and Son, en or, quinze jours avant l'échéance de chaque coupon, la somme nécessaire pour parfaire et assurer les provisions destinées au service comptant de l'emprunt.

Le gouvernement prendra toutes les mesures nécessaires pour assurer la rentrée des droits, taxes et impôts affectés à la garantie de l'emprunt.

ART. 9.

Les trois Banques privilégiées, à savoir la Banque Nationale de Grèce, la Banque Ionienne et la Banque Privilégiée de Epiro-Thessalie constitueront la caisse de l'emprunt. Chacune de ces deux dernières banques déléguera à cet effet un représentant auprès de la Banque Nationale de Grèce, dans les bureaux de laquelle siégera la caisse de l'emprunt. Les résolutions seront prises à la majorité des voix. A titre d'indemnité pour les frais qu'occasionnera le fonctionnement de la caisse et pour les responsabilités à encourir du chef de la centralisation des recettes à Athènes et de leur remise à Londres, il sera alloué à la caisse de la Dette une commission de 3/4 0/0 sur le montant de ses encaissements. La caisse commencera à fonctionner le 19/1er juillet 1893 et durera jusqu'à l'amortissement complet de l'emprunt. Les recettes qui auront été effectuées avant le commencement du fonctionnement de la caisse du chef des revenus affectés seront remises à la caisse aussitôt qu'elle aura été constituée. Le règlement et l'organisation de la caisse seront arrêtés par les établissements qui la constituent.

ART. 10.

Sont affranchis de tout droit de timbre et impôt :

1° Toutes conventions ayant rapport au présent décret et à son exécution ;

2° Les titres provisoires et définitifs de l'emprunt ;

3° Les coupons et obligations amorties jusqu'au complet remboursement de l'emprunt ;

4° Les certificats émis par la caisse de la Dette et en général tout paiement relatif à l'emprunt et au fonctionnement de la caisse.

ART. 11.

Le gouvernement hellénique aura pendant toute la durée de l'emprunt à l'échéance de chaque coupon le droit de rembourser au pair l'emprunt tout entier après préavis de trois mois.

ART. 12.

Les coupons échéant du 3/15 juin 1893 au 19/1er juillet 1895 inclusivement des emprunts en or de 1881, 1884, 1889 et 1890, ainsi que les obligations desdits emprunts appelées au remboursement pendant le même laps de temps, seront acquittés moyennant des obligations du présent emprunt au pair, portant jouissance du jour de l'échéance des coupons et obligations des emprunts susmentionnés, ainsi payables. Les obligations du présent emprunt au moyen desquelles seront payés, le 3/15 juin courant, les coupons et les obligations remboursables au même jour de l'emprunt 1890 seront à la jouissance du 19/1er juillet prochain, la différence de quinze jours d'intérêt des coupons et des obligations appelées au remboursement devant leur être réglée en espèces.

Au moyen d'obligations du présent emprunt décomptées à 73 0/0 au minimum timbre anglais seront remboursées les obligations restant en cours de l'emprunt de 16.500.000 francs de 1892, remboursables à 355 francs par obligation, plus les intérêts courus jusqu'à l'entrée en jouissance des nouveaux titres y afférents.

En obligations du présent emprunt au prix de 67 0/0 sera réglée à MM. C. J. Hambro and Son la commission fixée pour l'émission et les frais. Le solde de l'emprunt à un prix à fixer par un nouveau décret royal sera exclusivement employé pour régler une partie de la Dette flottante et des avances en or, ainsi que des intérêts jusqu'à leur remboursement.

Un mois avant l'échéance des coupons et des obligations amorties des emprunts mentionnés dans le premier paragraphe du présent article pendant la période du 3/15 juin 1893 au 19/1er juillet 1895, MM. C. J. Hambro and Son, s'ils n'étaient pas prévenus par le gouvernement hellénique de son intention de régler en espèces l'échéance en question procéderont à l'émission de la quantité d'obligations nécessaire et à toute distribution aux établissements chargés du service desdits emprunts. Pour le service du 3/15 juin prochain de l'emprunt 1890, ainsi que pour tout règlement de semestrialité avant la confection des titres définitifs, MM. C. J. Hambro and Son se serviront des titres provisoires, lesquels seront en temps utile échangés par les mêmes contre des obligations définitives.

Les obligations provisoires de l'emprunt qui serviront au remboursement de l'emprunt de 16.500.000 francs or et au règlement partie de la Dette flottante et des avances en or seront émises par MM. C. J. Hambro and Son sur l'avis du gouvernement hellénique et seront par eux tenues à la disposition de la Banque Nationale de Grèce.

Il sera également émis par MM. C. J. Hambro and Son la qualité d'obligations nécessaire pour le règlement de l'allocation prévue dans l'article 3 et ce au fur et à mesure des émissions respectives.

Les obligations qui leur seront allouées en règlement pour l'année 1893, ainsi que les obligations à émettre pour le remboursement de l'emprunt de 16.500.000 francs or, comme aussi celles afférentes au remboursement partiel de la Dette flottante et des avances en or ne seront pas négociables avant le 1er janvier 1894.

ART. 13.

A partir du 1er juillet prochain et jusqu'à extinction de l'emprunt à cours forcé le gouvernement devra rendre aux Banques Nationale de Grèce, Ionienne et d'Epiro-Thessalie, à valoir sur sa dette envers elle, sur cours forcé, un million de drachmes en billets de banque par mois, cette dette se trouvant définitivement et irrévocablement diminuée en raison de ces restitutions mensuelles.

ART. 14.

Sont ratifiées les conventions ci-dessous entre le ministre des Finances et MM. C. J. Hambro and Son en date du 30 mai et 11 juin 1893 et des Banques Nationale, Ionienne et d'Epiro-Thessalie en date du 30 mai et 11 juin de la même année.

ART. 15.

La quantité d'obligations nécessaire pour pourvoir suivant les prévisions de l'article 12 au service du 3/15 juin 1893 de l'Emprunt 1890 et à celui du 19/1 juillet 1893 des Emprunts 1881 et 1884 sera émise par MM. C. J. Hambro and Son dès la publication du présent décret et les titres provisoires seront mis par eux à la disposition des établissements chargés du service desdits emprunts.

La disposition du paragraphe 1er de l'article 12 du présent décret, sera soumise à la ratification législative à défaut de laquelle le gouvernement retirera les obligations émises suivant les prévisions dudit article, dans le cas où les porteurs des obligations des emprunts susmentionnés ne les auraient pas acceptées en paiement de leurs coupons, et titres amortis.

Athènes, le 30 mai 1893.

GEORGES.

S. Sotiropoulo, D. G. Rhallys, A. A. Contostavlos, Ath. Eutaxias, E. A. Criézis, G. Corpas.

QUELQUES OBSERVATIONS SUR LESDITS DOCUMENTS

Premier Mémoire.

§ *A*.

L'honorable M. Sotiropoulo reconnaît que, malgré « le surmenage du pays et la suite de l'accroissement *démesuré* de l'impôt », comme aussi malgré l'état critique de la Grèce, celle-ci « peut, bien qu'avec peine, remplir tous ses engagements. »

Il espère obtenir, dit-il, ce résultat « par le changement du système administratif, la cessation des abus sur la vérification et le recouvrement des taxes et... l'introduction de *quelques réformes* indispensables. »

Tout cela paraît bien vague.

L'on est curieux de savoir comment M. le premier ministre réussira à augmenter les recettes de 30 millions en or, lorsque le budget est déjà *si vexatoire* pour les contribuables, d'après ses propres déclarations à la Chambre en 1890. (Voir l'extrait de son discours à la page 51.)

Les arriérés annuels des impôts donnent à peine une moyenne de 8 millions. Par conséquent, en admettant même que M. Sotiropoulo arrivât à les faire rentrer jusqu'au dernier sou dans le Trésor public, il en faudrait encore 20 à 22 autres millions pour équilibrer le budget avec ses charges actuelles.

§ *B*.

On sait que M. Sotiropoulo, avant d'être chargé par le roi de former son Ministère, avait soumis un rapport à Sa Majesté en vertu duquel il s'engageait à gouverner « sans emprunt et sans faillite », se portant garant au roi que le pays était en état de s'acquitter intégralement de ses engagements envers ses créanciers. Voilà pourquoi au § B de son mémoire M. le premier ministre avoue avec une touchante candeur que « lorsqu'il écrivait cela, il était loin de penser que M. Tricoupis aurait laissé la caisse vide. »

Point n'est besoin d'être très fort pour comprendre que M. Tricoupis, qui, dans tous les cas, est loin d'être un niais, n'aurait jamais déserté le pouvoir en pleine possession de la confiance du roi et d'une écrasante majorité, de la « majorité déclarée », s'il avait eu 12 millions et même un peu moins de drachmes en caisse. Il n'aurait même pas eu besoin en ce cas de négocier un emprunt aux conditions onéreuses que l'on connaît.

§ *C*.

Ici, M. Sotiropoulo porte une grave accusation contre M. Tricoupis, le dénonçant d'avoir fait main basse sur une grande partie des recettes effectuées en garantie des emprunts de différentes catégories, tous privilégiés, au même titre que celui dit « des Monopoles. »

Cela n'a pas empêché le premier ministre d'escamoter, lui aussi, le reste des recettes que M. Tricoupis avait eu soin de déposer déjà à la Banque Nationale « pour les emprunts des trois puissances et de 16.500.000 francs », et aux banques de Constantinople et Épiro-Thessalie « pour des emprunts de 120 et 170 millions. »

§ *D*.

Il n'a respecté, pour les raisons que j'ai signalées à la page 76, que l'emprunt de 135 millions, dit « Monopole », qui d'ailleurs, d'après son propre mémoire au roi, n'est pas plus privilégié que les autres emprunts, puisque depuis longtemps déjà le Trésor public s'était approprié « les recettes provenant de la vente du papier à cigarettes », sans que le service spécial chargé de ces encaissements ait jamais protesté contre une semblable violation des conventions.

§ *E*.

« Dans ces conditions, j'ai pensé, dit M. le président du Conseil des ministres, que pour *payer le prochain coupon* et *subvenir*, etc., il fallait pouvoir placer *un emprunt...* »

M. Tricoupis n'a pas pensé autrement, ce dont les hommes au pouvoir aujourd'hui lui avait fait un crime de lèse-patrie quand ils étaient dans l'opposition.

§ *F*.

« Votre Majesté n'ignore pas, conclut M. Sotiropoulo dans son premier mémoire, que j'ai autorisé un personnage à s'adresser à un groupe disposé à établir le monopole du tabac et pouvant... faire une avance de 15 millions pour payer au moins le prochain coupon (!) ».

Voilà encore un important monopole à concéder pour UN SEUL COUPON à payer ! ! !

Je comprends l'établissement du monopole des tabacs, sur la base déjà exposée à la page 109, mais non dans le but unique de lui procurer une avance éphémère.

Deuxième mémoire.

§ *G*.

« Nous n'aurions jamais soumis, déclare dans ce mémoire M. Sotiropoulo, à la ratification du parlement la convention » d'un emprunt comme celui négocié par Tricoupis, « à cause de la clause statuant qu'une somme de monnaie fiduciaire au cours forcé » devait être retirée de la circulation, à l'époque du paiement de chaque coupon, « sans la remplacer par une somme équivalente en or. » Et le gouvernement de M. Sotiropoulo s'est engagé à retirer chaque mois *un million de monnaie* fiduciaire sans prendre aucune précaution « sans le remplacer *avec de l'or* » !

§ *H*.

Dans cette confusion, dit encore le deuxième rapport, M. Ionidis, notre consul général à Londres, est venu à nous, accompagné de deux sous-gouverneurs de la Banque nationale, porteur de propositions VENANT DE MM. HAMBRO AND SON... Nous avons cru qu'il était de notre devoir de les prendre *en considération*. Dès que cela fut connu, le peuple reprit courage, etc. »

En ce moment-là je me trouvais justement à Athènes. Voici comment les choses se sont passées :

Je dois faire remarquer ici que M. Ionidis « porteur des propositions de MM. Hambro and Son, de Londres », n'est pas un consul général « de carrière » de Grèce. Il est avant tout le directeur de la succursale de la banque de Constantinople à Londres. Outre cela, il spécule, dit-on, pour son propre compte à la Bourse. En même temps, il est consul général de Grèce « honoraire », comme le baron d'Erlanger l'est à Paris. En cette dernière qualité, il fut primitivement chargé par M. Tricoupis, quand celui-ci était encore au pouvoir, d'entamer les négociations du fameux emprunt Tricoupis-Théotoki, qui a si inopinément échoué à la suite de l'étrange démission de M. Tricoupis, au moment même où ledit emprunt était considéré comme définitivement conclu. Or, la presse athénienne affirme que M. Ionidis, en sa qualité de consul général et de négociateur, au courant du secret de la marche heureuse de ces négociations, avait spéculé à la hausse des fonds grecs, poussés à 380 francs.

Mais survint la malencontreuse et subite démission de M. Tricoupis et le cours de 380 s'effondra du coup à 250, soit une perte de 130 francs par titre pour les boursiers. On conçoit la situation de ces derniers.

M. Sotiropoulo succéda à M. Tricoupis et tout naturellement M. Ionidis partit sans retard pour Athènes afin de soumettre au roi la fameuse combinaison du dernier emprunt, consistant à capitaliser les annuités de trois ans sous forme d'emprunt tel qu'il est conçu dans les documents qui précèdent.

A peine arrivé à Athènes, un mardi, le 23 mai, M. Ionidis sollicita une audience du roi. Sa Majesté le reçut le lendemain, mercredi, à midi précis. Mais, en souverain strictement constitutionnel, le roi fit entendre à son solliciteur que ce n'était point à lui qu'il fallait soumettre un projet financier, mais à ses ministres.

C'est alors, pour la première fois, non pas accompagné « de deux sous-gouverneurs de la Banque nationale », mais tout seul, qu'il s'adressa à M. Sotiropoulo se trouvant en ce moment-là en conférence avec M. Rhallys, ministre de l'Intérieur. Il exposa son projet qu'il remit écrit au premier ministre, ministre en même temps des Finances. Celui-ci le passa à M. Rhallys. Ce dernier, après avoir écouté le visiteur et pris connaissance du projet écrit, le repassa séance tenante à M. Ionidis, son auteur, lui faisant observer que « de semblables propositions ne se discutent même pas. »

L'incident a transpiré dans la ville, et le journal officieux de M. Rhallys, ministre de l'Intérieur, *l'Éphéméris*, s'est empressé de le confirmer en publiant dans son numéro du 13/25 mai que « les propositions de M. Ionidis ont été écartées par le gouvernement pour avoir été jugées INCONVENANTES. »

M. Yannopoulo, un économiste grec de mérite, rédacteur en chef de « l'Éphéméris », en me confirmant ce qui précède deux jours avant mon départ d'Athènes, le 26 mai, me déclara qu'il s'étonnait même de ce que M. Ionidis, après la réponse qu'il reçut de M. le ministre de l'intérieur, n'avait pas encore « fait ses bagages » pour quitter la Grèce.

En effet, M. Ionidis était sur le point de partir, le 28 mai, par le courrier de Marseille, lorsque *subitement* il ajourna ce départ. Que se passa-t-il dans cet intervalle? je n'en sais rien. Le fait est que les mêmes ministres qui avaient taxé *d'inconvenantes* les propositions de M. Ionidis, sont revenus quelques jours après sur leur première impression et ils ont cru « qu'il était de leur devoir de prendre en considération ladite combinaison, et... le peuple REPRIT COURAGE, ce qui fit tomber le change de 20 à 22 centimes et amena UNE HAUSSE de cinq unités sur les valeurs helléniques à Londres ». Textuel. Voir plus haut le deuxième mémoire du premier ministre, § *H*.

Dans l'intérêt de la vérité et de la Grèce, je crois que le devoir de tout critique, de tout observateur, de tout témoin impartial et indépendant est d'exposer les faits dans leur brutale réalité.

§ *I*.

« Nous n'avons pas cru devoir toucher à l'emprunt des Monopoles »,... car « toute infraction aux contrats auarit pu ébranler la confiance du public, etc. »; comme si l'acte de mettre la main sur les affectations privilégiées des autres emprunts ne constituait pas une violation des contrats existants !

§ *J*.

« Les banques du pays, qui possèdent de *grandes quantités* d'obligations helléniques, les *banques de Londres*, qui les ont émises, etc., nous encouragent *au paiement du coupon* AU MOYEN DE NOUVELLES OBLIGATIONS »... Naturellement! C'est ce dont j'ai déjà expliqué le mobile à la page 92.

Convention.

§ *K*.

L'honorable M. Sotiropoulo, dans les deux mémoires qu'on vient de lire, accuse sans cesse M. Tricoupis d'avoir admis dans ses négociations antérieures le principe du « contrôle étranger » dans la perception des impôts, etc. Mais, par cette convention, n'a-t-il pas lui-même accepté de gaieté de cœur cette ingérence étrangère (1) en la personne de la Banque Ionienne, société anglaise ayant son siège et son conseil d'administration à Londres? Le mot *limited,* au § *K* de la Convention, indique d'ailleurs suffisamment l'origine de cette banque.

Le reste de la Convention et du Décret, au sujet duquel j'ai déjà exprimé ma pensée à la page 76, se passe de tout commentaire.

Avant de terminer ces observations, je ne peux m'empêcher d'exprimer ma profonde douleur de voir des hommes qui prétendent devenir des hommes d'État et gouverner leur pays, exposer et afficher des systèmes, des principes et des programmes sensationnels en opposition avec la politique de leurs adversaires au pouvoir et, une fois devenus eux-mêmes ministres, venir déclarer au souverain qui les avait pris au sérieux :

« Lorsque dans notre premier rapport nous prenions l'engagement envers Votre Majesté de sauver le pays « sans emprunt et sans faillite », nous ne savions pas que notre prédécesseur avait laissé la caisse vide. En présence de cet état de choses, nous nous heurtons, Sire, à ce dilemme : ou de recourir à un concordat ou de faire comme M. Tricoupis: continuer d'emprunter. Il est vrai que personne ne veut plus se charger de l'émission d'un nouvel emprunt; mais il y a quelques banquiers qui nous conseillent, *dans l'intérêt de la Grèce, qu'ils aiment beaucoup*, de se charger d'émettre eux-mêmes des obligations pour notre compte et de payer nos dettes avec ces mêmes obligations, que personne d'ailleurs ne s'engage à escompter ; en revanche, nous aurons à payer une simple commission de 1.800.000 francs et quelques insignifiantes provisions supplémentaires à ces excellents banquiers pour l'ingénieux conseil qu'ils nous apportent de Londres.»

Voilà exactement la portée des documents qu'on vient de lire et dont les conclusions ont été ratifiées par un décret royal.

C'est exactement comme si M. Peytral, en l'absence des Chambres, s'adressait à M. Carnot et lui tenait le langage uivant :

(1) Voir l'article 7 du décret royal.

Le Ministre. — Vous savez, monsieur le Président, que ce farceur de Tirard a complètement vidé la tirelire publique. Sans cela, je vous assure que j'aurais pu gouverner le pays sans emprunter de nouveau comme mon prédécesseur. C'est embêtant ! Heureusement, nous avons un excellent consul général à Londres...

Le Président, *interrompant*. — Est-ce un consul général de carrière, fonctionnaire de l'État ?

Le Ministre. —Non, monsieur le Président. Vous savez que par esprit d'économie, nous sollicitons des personnages financiers de nous représenter à l'étranger ; non seulement ils ne reçoivent pas de traitement, mais ils nous font encore gagner beaucoup d'argent dans les négociations de nos emprunts. Tels sont, par exemple, M. Ionidis à Londres et le baron d'Erlanger dans une autre grande capitale...

Le Président. — Vous disiez donc que notre excellent consul général de Londres...

Le Ministre. — ... est porteur d'une ingénieuse combinaison financière, grâce à laquelle nous pourrions payer intégralement les intérêts de la Dette pendant trois ans, *sans bourse délier*.

Le Président. — Ah bah ! comment cela !

Le Ministre. — C'est incroyable, mais cela est. Vous allez voir, monsieur le Président. C'est une combinaison étonnante ! La voici en deux mots : Nous autorisons les amis de notre consul à Londres, qui s'appellent Hambro et Son (limited)...

Le Président. — Hambro ! qui est-ce ?

Le Ministre. — C'est un très brave homme, monsieur le Président.

Il s'intéresse particulièrement aux États embarrassés, comme nous, et se charge de lancer leurs emprunts, à très bon marché.

Le Président. — Alors, il veut bien nous prêter de l'argent !

Le Ministre. — Oh ! non, monsieur le Président ; c'est là justement l'ingéniosité de sa combinaison : il suffit de l'autoriser à émettre pour notre compte des obligations portant intérêt à 5 0/0. Nous devons annuellement, en intérêts et amortissements, à nos créanciers, environ 33 millions de francs. Or, à l'expiration de chaque échéance, les porteurs de nos coupons n'auront qu'à s'adresser aux guichets de MM. Hambro et Son (limited), à Londres, et ces messieurs, au lieu d'espèces sonnantes, se chargent de leur faire accepter lesdites obligations, sur lesquelles nous aurons à payer seulement 5 0/0, plus quelques commissions à ces braves amis. C'est-à-dire, au lieu de 33 millions par an, nous n'aurons à payer pendant trois ans que seulement 1.650.000 francs ! !

Le Président. — Tout cela est très intéressant, mais, après trois ans, que ferons-nous ?

Le Ministre. — Que cela ne vous préoccupe pas, monsieur le Président. Ces braves gens sont si inventifs que notre consul général me promet de nous apporter d'ici-là une nouvelle combinaison meilleure que celle dont je vous parle.

Le Président. — Et la Chambre, l'avez-vous consultée au moins ?

Le Ministre. — Que Dieu nous en garde, monsieur le Président ! Cela ferait d'abord trop de bruit ; ensuite, il ne faut pas ouvrir les yeux à tout le monde. C'est déjà imprudent de vous en prévenir, mais j'ai besoin que vous me signiez un petit, tout petit décret. C'est indispensable. Le voici, d'ailleurs ; j'ai eu le soin de vous le rédiger sous la dictée de notre *excellent* consul général...

Et voilà comment M. Peytral aurait pu sauver le crédit et l'honneur de la France — en supposant qu'ils aient été menacés, — au moyen d'un simple décret présidentiel.

En terminant, je crois devoir me faire l'interprète d'appréciations que j'ai entendu formuler au sujet des rapports de MM. Law et Roux, les délégués français et anglais.

Le rapport du délégué anglais a été publié par son gouvernement, pourquoi le rapport du délégué français n'a-t-il pas été publié ?

Je comprends parfaitement que MM. Ribot et Tirard aient tenu médiocrement à communiquer au public un rapport certainement défavorable à la conclusion d'un nouvel emprunt grec, après leur maladroite intervention officieuse auprès de la haute finance parisienne. Mais il me semble que MM. Dupuy et Peytral, dont je me plais à reconnaître en cette circonstance la prudente circonspection, auraient bien dû faire passer l'intérêt de la Grèce, de ses créanciers, et même du public, avant l'amour-propre de leurs prédécesseurs.

TABLE DES MATIÈRES

QUATRIÈME PARTIE

REMÈDES PROPOSÉS

CINQUIÈME PARTIE

LA MARCHE A SUIVRE

APPENDICE

IMPRIMERIE CHAIX, RUE BERGÈRE, 20, PARIS. — 13370-6-93. — (Encre Lorilleux).

www.ingramcontent.com/pod-product-compliance
Ingram Content Group UK Ltd.
Pitfield, Milton Keynes, MK11 3LW, UK
UKHW020225220726
13923UKWH00002B/529